內戰在東北

熊式輝、陳誠與東北行轅

（四）

Civil War in Manchuria

Hsiung Shih-hui, Chen Cheng, and the Northeast Field Headquarter

- Section IV -

導讀

陳佑慎
國家軍事博物館籌備處史政員
國防大學通識教育中心兼任教師

（一）

本套書取材自「國民政府東北行轅民國卅六年度工作報告書」、「東北行轅政務委員會委員會議議事錄」及相關檔案史料。

所謂東北行轅，全稱是國民政府主席東北行轅，行轅主任先後為熊式輝、陳誠，乃國民政府在中國東北地區的軍事、政治總樞。因此，本套書內容除含括國共戰爭的作戰、情報、後勤事項，以及軍事運營方面的經理、人事、編制、監察、兵役、教育、總務、軍法、衛生、政工、砲兵、工兵、通信等管理，也包含了更廣泛的民政、財政等歷史細節。這些內容，對熊式輝、陳誠個人的政治軍事生涯，東北地區的局勢變動，以及全中國的國運，關係十分重大。

且說從頭。東北地區之於中國，具有特殊的政治、軍事、經濟戰略地位。陳誠曾經指出，「日本侵華，是由東北開始的。起初日人的希望，以能奪取東北為已足。假使當時我們認為東北可以不要，則八年抗戰也許不致發生」，而「經過八年浴血抗戰之後，如果勝利的果實，不包括光復東北在內，則千萬軍民的死傷，難

以數計的財產損失，都將成為無謂的犧牲」。[1] 這種看法，國民黨人曾經相當流行。[2]

抗日戰爭結束，「滿洲國」瓦解，日本終於失去對中國東北地區的支配。為了處理東北各省的收復事宜，國民政府於 1945 年 8 月 31 日議決通過「收復東北各省處理辦法綱要」，隨後特設軍事委員會委員長東北行營，初駐長春，後移瀋陽，行營主任為熊式輝。這個東北行營，就是本書主角──東北行轅的直接前身。東北行營運作到 1946 年 6 月，因為國民政府軍事委員會結束、行政院國防部成立，於是，連同其它各地的軍事委員會委員長行營，名義已無法繼續存在。[3] 同年 9 月，東北行營正式改稱東北行轅，而人事、組織、職權基本照舊。

然而，國民政府必欲收復之東北，新一階段的情勢極其複雜，使得接收工作困難重重，險象環生。[4] 先是，抗日戰爭結束前夕，1945 年 8 月 9 日，蘇聯發動日本的大規模攻勢，很快佔領了整個中國東北地區，以

---

1 陳誠著，吳淑鳳編輯，《陳誠先生回憶錄：國共戰爭》（臺北：國史館，2005），頁 112-113。

2 1947 年 7 月 7 日，蔣介石發表「抗戰建國十週年紀念告全國軍民同胞書」，即直指「我們對日抗戰的目的，原在於捍衛國土，收復東北，保持主權和領土的完整。東北的主權和領土行政一天沒有恢復，便是抗戰的目的沒有達到」。見秦孝儀主編，《先總統蔣公思想言論總集》（臺北：中國國民黨中央委員會黨史委員會，1984），第 32 卷，頁 171。

3 軍事委員會委員長行營、國民政府主席行轅改組與國防部成立之關連，參見陳佑慎，《國防部：籌建與早期運作（1946-1950）》（臺北：民國歷史文化學社，2019），頁 160-167。

4 對於戰後東北接收引伸的外交、政治、軍事問題，學界甚為關注，較有系統且全面的研究，例見高純淑，〈戰後中國政府接收東北之經緯〉（臺北：中國文化大學歷史學系博士論文，1993）；程嘉文，〈國共內戰中的東北戰場〉（臺北：國立臺灣大學歷史學系碩士論文，1996）。

及朝鮮半島北部、庫頁島南部、南千島群島等地。繼
之，中共趁蘇聯軍事佔領東北的既成事實，憑藉蘇軍支
持或默許，利用日軍遺留武器與東北人力物力，勢力日
益坐大。國民政府則依據《中蘇友好同盟條約》，與蘇
俄一再交涉，期望蘇軍早日撤出東北，減少對中共的支
持，並促成國軍順利接收東北，但最後並未獲致良好結
果。當時，國民政府為了對蘇談判，特派蔣經國為外交
部東北特派員，復指定東北行營副參謀長董彥平兼任駐
蘇聯軍事代表團團長，派駐蘇軍總司令部，以資聯繫。
董彥平及其駐蘇軍事代表團留下的交涉報告、紀錄文
件，日前已由民國歷史文化學社編輯出版為《內戰在東
北：駐蘇軍事代表團》（共二冊），有興趣的讀者可以
參閱，對照本書的相關內容。

中蘇之間幾經周折，延至 1946 年 3 至 5 月間，蘇
軍不待國軍接防，全部撤回蘇境。蘇軍在各地遺留的真
空，由中共力量迅速填補。國民政府則調派精銳國軍部
隊，以錦州、瀋陽為基地，分向南滿、北滿地區進攻。
5 月，國軍曾經重挫共軍，收復四平、長春等地，聲勢一
度大振。然而，國軍並未徹底擊破中共主力，也未進一
步向松花江以北推進。更嚴重的是，國軍之勝利，所得
收穫只是佔領城市、鐵路線，而兵員、糧彈補充困難，
外乏增援之師，戰力逐漸耗損。反之，共軍依然盤據廣
大的農村地區，以農村地區的人力、物力補充戰損，再
生力強大。可以說，國軍困守點線，共軍控制面積；國軍
居消費之地，共軍據生產之區。國民政府所謂接收東北，
除去孤立據點、幾條脆弱的交通線外，恐怕別無他物。

到了 1947 年間，東北國軍依托「點」「線」，共軍控制「面」，兩軍形成拉鋸戰，惟國軍消、共軍長的整體情勢已日漸鑄成。於是，國民政府中樞、東北當局主事者，被迫放棄了收復東北完整主權的信心，轉採取以瀋陽、長春、四平、永吉、錦州、葫蘆島等城市作國民政府在東北的主權象徵、戰略據點，然後苦撐待變，再尋求機會使用機動兵力打擊共軍主力。6 月，熊式輝在東北行轅週會上曾表示，「東北形勢，已由接收廣大地區，轉變到集中兵力，消滅匪軍」。[5]

1947 年 9 月以後，陳誠接替熊式輝之位，推動一定程度的新政，但在作戰方面其實沒有改變前揭戰略原則。在「國民政府東北行轅民國卅六年度工作報告書」前言遂有謂：「我軍事難於開展，使我政令無法推行」，「但我為收復主權，屏蔽內地，忍苦支撐，竭力挽轉，移輕就重，捨小護大，凡有裨於戡亂軍事之處，莫不悉力以為」。

（二）

以上所述，是為抗日戰爭結束，東北行營、行轅先後成立期間，國民政府在東北地區所面臨的惡劣局勢。下面則要談談，國民政府在東北陣前換將，以陳誠替換熊式輝擔任行轅主任的經緯。

無可諱言地，東北行營／行轅作為國民政府在東北地區的政治、軍事總樞，身處複雜情勢，所作所為卻未

5　熊式輝著，洪朝輝編校，《海桑集：熊式輝回憶錄，1907-1949》（香港：明鏡出版社，2008），頁 583。

孚人心所望。首先談軍事方面，如黨政軍機構對於接收
工作的通盤規劃不足，相當數量接收人員貪贓枉法，彼
此爭奪，生活紙醉金迷，「甚至對東北人還有點對殖民
地的味道」，[6] 馴至接收有「劫收」之名。又如黨政軍
機構林立，組織龐雜，人浮於事。抑有進者，許多機構
因為廣大地區先後為蘇軍、共軍所佔，根本無法前往轄
區，遂麕集於瀋陽，徒增財政負擔，卻對行政效率、民
心均有不良影響。

其次談軍事方面，此亦為最影響民心士氣，對國民
政府統治產生最直接致命衝擊的部分。首先，許多東北
地方人士指責，「中央在東北最大的致命傷，莫過於不
能收容偽滿軍隊，迫使他們各奔前程，中共因此坐大。
林彪就是利用東北的物力、民力，配上蘇軍俘來的日軍
和偽軍武器組成第四野戰軍，一直從東北打到廣東和海
南島」。[7] 這種說法有無道理，一言難盡，但確實在接
下來的日子爭論了數十年。另外，國軍在接收東北初
期，「急於求功與輕視共軍，祇謀地區之擴展，忽略集
中殲滅共軍兵力」[8] 等現象，也頗引人們詬病。其後東
北軍事當局見兵力不足、防廣兵單，乃轉採保守戰略，
試圖培養本身戰力，再謀打擊共軍主力。不幸，國軍的
新戰略，從未有兌現的一天。

---

6 沈雲龍、林泉、林忠勝訪問，《齊世英先生訪問紀錄》（臺北：
　中央研究院近代史研究所，1990），頁 269。

7 沈雲龍、林泉、林忠勝訪問，《齊世英先生訪問紀錄》，頁 270。

8 陳誠著，何智霖編輯，《陳誠先生回憶錄：六十自述》（臺北：
　國史館，2012），頁 106。

　　熊式輝是東北行營／行轅主任，身為東北地區的政
治軍事總負責人，對於政治、軍事等各方面的困境，當
然是難辭其咎的。不過，當中的許多問題，確實並非熊
氏單個人的決策。以最受外界攻擊的偽滿軍隊收容問題
為例，抗戰結束後原「滿洲國」軍隊連同東北其它所謂
游雜武裝，或遭解散命運，或以地方保安部隊名義暫得
棲身。這些地方保安部隊，究竟應擴充抑或繼續裁減，
政府當局內部迭次爭論。熊式輝主張的是擴充，認為地
方保安部隊可輔助國軍正規部隊作戰。主導全國「整
軍」工作的參謀總長陳誠，則輕視地方保安部隊的實
力，堅主裁減，而且意見佔了上風。[9]

　　除此之外，熊式輝雖為東北政治、軍事最高負責
人，所謂「軍事委員會委員長行營主任」一類頭銜更有
高級作戰區指揮官的意味。[10] 實則，熊式輝之下復有東北
保安司令部之設，保安司令杜聿明為真正指揮作戰者，
而熊、杜兩人關係不睦。1946 年 2 月，杜聿明一度因病
離職修養。即使如此，熊式輝仍舊抱怨「余為行營主任，
名則軍事最高長官，而於軍事有責無權」，「杜為真正司
令長官，名雖病假期中，實際卻仍在指揮軍事」。[11] 東
北內部政治、軍事領導之協調不佳，於此確可見一斑。

　　1947 年 5 月 30 日，蔣介石在日記寫道：「瀋陽內

9　熊式輝著，洪朝輝編校，《海桑集：熊式輝回憶錄，1907-1949》，頁 565、606。

10　國防部第三廳編，《作戰區之組織與職掌》（南京：國防部第三廳，1947），頁 11-13。

11　熊式輝著，洪朝輝編校，《海桑集：熊式輝回憶錄，1907-1949》，頁 526。

部複雜,工作腐敗,天翼(熊式輝)威信絕無,光亭
(杜聿明)臥病在床,軍機大事推諉延宕」。[12] 這段
話,似非過份之論。很快地,蔣介石下定了更換東北人
事的決心。

　　蔣介石為調整對共作戰佈局,洽詢桂系領袖、北平
行轅主任李宗仁轉任東北的意願,李不願。蔣續請桂系
要人國防部長白崇禧赴東北,白亦不肯接受。[13] 李宗仁
後來回憶,曾說「倖免於介入東北」。[14] 至於白崇禧推
辭東北委任之後,蔣介石改催促其主持華中軍事。白
崇禧初仍拒絕,後終於在 1947 年 11 月同意到九江成
立並主持國防部九江指揮所(後改設武漢),指揮華
中地區國軍(相當數量為桂系部隊)圍剿大別山地區
的共軍。[15] 此為內戰中後期白崇禧執掌華中兵權的直接
緣由。

　　在桂系李宗仁、白崇禧相繼拒絕執掌東北兵符之
後,作為蔣介石股肱重臣的參謀總長陳誠,乃遵蔣氏之
命赴瀋陽,於 1947 年 9 月 1 日起兼東北行轅主任。其
參謀總長職權,由參謀次長林蔚代行。至於東北行轅原
主任熊式輝,雖可就此擺脫燙手山芋,但究屬難堪下

12 《蔣介石日記》,未刊本,1947 年 5 月 30 日。
13 陳誠著,吳淑鳳編輯,《陳誠先生回憶錄:國共戰爭》,頁 115。
14 李宗仁口述,唐德剛撰寫,《李宗仁回憶錄》(臺北:遠流出版社,
　　2010),頁 781。
15 陳存恭訪問紀錄,《徐啟明先生訪問紀錄》(臺北:中央研究院
　　近代史研究所,1983),頁 129-130;熊式輝,洪朝輝編校,《海
　　桑集:熊式輝回憶錄,1907-1949》,頁 648;覃戈鳴,〈白崇禧
　　圍攻大別山戰役概述〉,全國政協文史資料委員會編,《文史資
　　料存稿選編》,第 10 冊:全面內戰(中)(北京:中國文史出版
　　社,2002),頁 565-567。

台，本人尤感「恥於知難而退」。[16] 以後，熊式輝未再
擔任政治、軍事要職。

　　陳誠既已臨危接掌東北行轅主任，隨即陸續推動各
項措施，而這些措施基本上可以用「先事整飭內部，戰
略暫取守勢」[17] 一句話概括。所謂戰略暫取守勢，為繼
續守備永吉、長春、四平、瀋陽、錦州、葫蘆島等處，
以有力部隊機動控置於鐵嶺、錦州，準備排除北寧路之
障礙，打通瀋長路交通，然後相機進行城堡戰與野戰，
謀求各個擊破共軍。[18]

　　至於所謂整飭內部，實為陳誠相對於熊式輝真正大
幅度推動的新政，而大致上又可分為政務、軍務兩類。
在政務上，為整併機構（如合併行轅政治與經濟兩委員
會為政務委員會，敵偽事業統一接收委員會、生產管理
局、房地產管理局為東北區敵偽資產處理局），緊縮尚
未接收之各省市政府並令離開瀋陽，嚴懲不法人員，
安裕民生，調節物資，穩定物價等。在軍務上，為調
整國軍指揮系統，整編國軍部隊，大量裁併地方保安
部隊等。

　　然而，陳誠在東北雷厲推行的新政，雖義正辭嚴，
仍引起許多政軍人士的敵意。當中的整編國軍部隊、裁
併地方保安部隊等項，常被懷疑獨厚特定軍系，消滅
特定軍系，最易激成不滿空氣。1948 年 2 月，已卸任

16 熊式輝著，洪朝輝編校，《海桑集：熊式輝回憶錄，1907-1949》，
　　頁 613-617。
17 陳誠著，何智霖編輯，《陳誠先生回憶錄：六十自述》，頁 104。
18 陳誠著，何智霖編輯，《陳誠先生回憶錄：六十自述》，頁 105-107。

賦閒的熊式輝，當面向蔣介石直指「軍心對陳誠俱感不安」，陳誠「等於在暴風雨之下，還如此從容去拆屋架屋」。[19] 應當指出，抱持類似觀點者，並不在少數。尤其陳誠在抵東北視事以前，歷任軍政部長、國防部參謀總長等職，早被視為全國範圍內整軍政策的操盤手，備受反對整軍政策者的指責。[20]

隨著東北國軍的處境日益困難，陳誠面對「在暴風雨之下，還如此從容去拆屋架屋」一類質疑，逐漸難以招架。自 1947 年 9 月起，至 1948 年 1 月間，共軍多次發動對瀋陽、錦州、錦西、營口、撫順、營盤、白旗堡、永吉、公主屯等地的攻勢。期間，國軍雖尚能確保錦州、瀋陽、長春等主要據點，但損兵折將，又乏補充，距離實現「各個擊破共軍」的可能性一天比一天更為遙遠，局勢較之熊式輝主持時期顯然還要惡劣。

（三）

陳誠主持東北政治、軍事期間，焚膏繼晷，且苦於胃疾，頗有大廈將傾，獨木難扶之慨，聲望也大受影響。1948 年 2 月，陳誠終於離開瀋陽，經南京轉赴上海，治療胃疾。[21] 但難以否認，其離任時的難堪程度，較熊式輝有過之而無不及。至於東北作戰之指揮，蔣介石另派衛立煌以東北行轅副主任兼東北剿匪總司令名義

---

19 熊式輝著，洪朝輝編校，《海桑集：熊式輝回憶錄，1907-1949》，頁 660。

20 見《申報》，1948 年 4 月 13、14 日，10 月 8 日，版 1；國防部編，《國民大會代表軍事檢討詢問案之答覆》，頁 3-108。

21 于衡，〈陳誠、熊式輝走馬換將〉，《傳記文學》，第 20 卷第 3 期（1972），頁 64。

主持。

　　1948 年 3 月 29 日，第一屆國民大會於南京召開，各方面對陳誠的攻擊，達到了高潮。這次會議召開期間，陳誠在滬養病，並未參加，缺席了國民大會代表群體對他的嚴厲審判。4 月 12 日，在國防部長白崇禧於大會報告軍事問題後，國民大會代表群起發言，要求政府當局嚴懲陳誠的軍事責任，甚至有言「殺陳誠以謝國人」者。[22] 5 月 12 日，蔣介石批准陳誠辭去參謀總長、東北行轅等本兼各職。

　　蔣介石、陳誠有見國民大會對於東北問題的嚴厲責難，當時歸咎於桂系領袖李宗仁為競選副總統，故意操縱會場空氣，暗示挑撥所致。[23] 因之，蔣介石在陳誠交卸參謀總長、東北行轅主任職位的同時，隨即逼迫桂系要角白崇禧辭去國防部長，僅允白崇禧保留原國防部九江指揮所麾下華中部隊的兵權。白崇禧抗議未果，最終仍於 1948 年 6 月底正式就任華中剿匪總司令，總司令部即是由原九江指揮所改組而成。

　　近於同時，5 月 19 日，行憲政府成立前夕，政府當局亦有鑑於國民政府主席名義將不復存在（國家元首改為總統），明令取消國民政府主席行轅制度，東北、北平行轅著即歸併於東北與華北剿匪總司令部。[24] 於

---

22 參見《申報》，1948 年 4 月 13、14 日版 1 各篇報導；《蔣介石日記》，未刊本，1948 年 4 月 13 日。

23 《蔣介石日記》，未刊本，1948 年 2 月 9 日，4 月 2、3、4、13 日；陳誠著，何智霖編輯，《陳誠先生回憶錄：六十自述》，頁 109。

24 〈國民政府令〉（1948 年 5 月 19 日，補登），《總統府公報》，第 2 號（1948 年 5 月 21 日），頁 1；「蔣介石致傅作義電」（1948 年 5 月 12 日）、

是，東北剿匪總司令衛立煌正式成為接替陳誠的東北政
治、軍事總負責人。而東北、華北、華中剿總，再加上
徐州剿總，成為國軍在新一階段的主要高級作戰區指揮
機構。再幾個月不到，這幾個作戰區指揮機構，就要面
對國共戰爭的戰略決戰，錦瀋、平津、徐蚌會戰。至於
國軍在前述幾場戰略決戰的災難性終局，本文就不必贅
述了。

回頭再談陳誠與東北。陳誠在東北遭逢挫折，步上
熊式輝後塵黯然離任。對此議論紛紛者，自然不侷限
於他和蔣介石所怪罪的桂系人士。1948 年底，陳誠經
過數月的療養、沉潛生活，方才傳出層峰起用出任臺灣
省政府主席的消息。屬於黃埔系重要人物，時任西安綏
靖公署主任的胡宗南聞訊之後，尚向蔣介石表示，對於
陳誠的新動向，「外間多覺煩悶」，理由是「辭公（陳
誠）近年來所作為對國家影響太大」。[25]

總而言之，陳誠主持東北行轅的經歷，是他個人戎
馬生涯中極黯然的一頁。儘管，陳誠沒有因此洩氣，也
沒有失去蔣介石的倚重，稍後仍陸續藉臺灣省主席、東
南軍政長官、行政院長、副總統等新職，東山再起，並
發揮對國家的正面影響力。

更確切地說，熊式輝、陳誠主持東北政治軍事的過
程，不僅僅是他們個人的黯然經歷，實是整個中華民國

「蔣介石致衛立煌電」（1948 年 5 月 29 日），《蔣中正總統文物》，
國史館藏，典藏號：002-020400-00017-108、002-020400-00016-091。
25 胡宗南著，蔡盛琦、陳世局編輯校訂，《胡宗南先生日記》，下冊，
1948 年 12 月 30 日條，頁 89。

政府的悲劇。陳誠交棒東北政軍全權未及一年，1948
年 11 月，共軍徹底贏得東北的全勝。數十萬東北共軍
狹新勝餘威，很快蜂湧開入關內，使關內各戰場的國共
兵力急遽失衡，直接影響了整個國共戰爭的最終結果。
歷史沒有如果，但許多專業史家仍然不禁想問，假使當
年國民政府中樞、東北當局的抉擇有那麼一點不一樣，
會不會改變東北國共戰局，改變整個國共戰爭的結果，
從而牽動冷戰時代的全世界走向？[26] 當然，這個問題永
遠不會有肯定答案。

我們真正有機會找到肯定答案的問題，是探索陳
誠、熊式輝、衛立煌等個人，連同其廣大僚屬、機構的
作為，究竟在這個風雲變動的歷史巨流中扮演什麼角
色？受到什麼時代影響？帶來什麼時代影響？本書的出
版，提供了回答各種相關問題的有力線索。

本套書的內容，綜合觀之，聚焦於 1948 年衛立煌
出任東北剿匪總司令、國共醞釀錦瀋會戰以前，1947
年內熊式輝、陳誠主持東北行轅轄下的軍政、軍令、軍
隊政工，以及民政、財政事項。某種意義上，可讓吾人
一窺東北國軍在戰略決戰前夕的各種身影。讀者若能參
照其他相關史料，定能更深入地了解東北問題的複雜面
向，尋索當時東北何以發生翻天覆地的變局。

---

26 Arthur Waldron, "China Without Tears: If Chiang Kai-Shek Hadn't
Gambled in 1946", in Robert Cowley ed., *What If?: The World's Foremost
Historians Imagine What Might Have Been* (Berkley: Robert Cowley, 1990),
pp. 377-392. 中譯收於王鼎鈞譯，《What If？：史上 20 起重要事件
的另一種可能》（臺北：麥田出版，2011）。

編輯凡例

一、本書編輯自陳誠主持東北行轅時所召開之「國民政
　　府東北行轅政務委員會」會議紀錄。

二、本書史料內容，為保留原樣，維持原「偽」、
　　「匪」等用語。

三、為便利閱讀，部分罕用字、簡字、通同字，在不影
　　響文意下，改以現行字標示；部分表格過大，重新
　　改製，並將中文數字改以阿拉伯數字呈現；以上恕
　　不一一標注。

四、原件無法辨識文字，以■表示。

五、部分附件原件即缺漏。

目　錄

東北行轅政務委員會
第二十三次常務委員會議紀錄

時　　間　三十七年一月三日上午九時

地　　點　瀋陽本會三樓會議廳

出席人　　王副主任委員樹翰　高常務委員惜冰

　　　　　王常務委員家楨　　馮常務委員庸

　　　　　朱常務委員懷冰

列席人　　劉主任慕曾　魏處長鑑

　　　　　徐處長鼎　　宵處長嘉風

　　　　　崔處長垂言　杜處長春晏

　　　　　崔處長宗培　許處長文國

　　　　　吳處長中林　陳會計長秉炎

主　　席　王副主任委員樹翰

記　　錄　楊仲揆

甲、報告事項

（略）

乙、討論事項

一、兼主任委員交議交通部東北區特派員辦公處呈報籌
　　組國際運輸公司經過及組織請核備案是否可行請討
　　論案。

　　一、經過：國際運輸公司係接辦以前舊國際運輸株
　　　　式會社之各項業務，光復以後：

　　　　1. 前經濟委員會在長春曾成立國際運輸接收

清理委員會；

2. 統一接收委員會議決將該會社撥歸交通部
管轄；

3. 經交通部東北區特派員辦公處、中央信託
局及東北生產管理局三機關會商決定籌組
國際運輸公司。

二、辦法：籌組國際運輸公司擬准備案，惟應注意
以下三點：

1. 舊國際運輸株式會社係日人經營機構，其
為貫徹經濟搾取，乃實行統制獨佔，今歸
我方自營，為改善國民經濟，擬對民營運
糧儘量開放，使獲平等發展機會。

2. 舊國際運輸會社共有裝卸工人六七〇〇〇
人，現該公司在中長沿線統馭工人三二三
一人（錦州工人人數尚未查報），嗣後該
公司對工人管理應儘可能實行直營，以免
中間剝削。

3. 既為公司，擬倣照公司法組織，業務經營
應儘量實行商業管理，俾維持自給自足。

以上所擬是否可行，敬請公決。

決議：照案通過。

二、兼主任委員交議轉據營城子阜新新邱等礦請發職工
救濟費案如何辦理請討論案。

據財務處簽呈稱「關於資委會營城煤礦、阜新煤礦
及該礦新邱廠等職工救濟費節据，資委會辦事處

及阜新煤礦公司先後電呈，暨資源委員會翁委員長電請撥發前來核屬需要，經分別擬准照撥簽奉副主任委員王批示，經常委議決俟軍事完結再行核議等因，自應遵照，正擬稿間，復據阜新煤礦公司總經理郭象豫電稱，目前在礦員工一萬七千人，連眷屬共計四萬餘人，存糧將罄，無款開支，人心恐慌，情況嚴重，請速撥救濟費等情，查目前雖在軍事期間，而各該礦廠之職工或已部分撤至安全地帶，或現雖交通斷絕但尚能取得聯繫，衣食無著，對於救濟費用自亟需要，且所請各費已由資委會呈請行政院，擬請准照翁委員長來電所請即行撥發：

(1) 阜新煤礦職工救濟費流通券十五億元（一次）；

(2) 阜新煤礦之新邱廠工人救濟費自本年十一月份起，每月兩億三千萬元至該礦復工時為止，現查三十七年一月份即至，並擬即將其卅六年十一月十二日及卅七年一月三個月份救濟費共計六億九千萬元於此次一次撥付；

(3) 營城煤礦十一及十二月份員工救濟費共流通券七億三千萬元（一次）。

所有上列各款如奉核准，並擬全數撥由資委會辦事處轉發」等情，如何辦理，敬請公決。

決議：交財務、工商兩處會辦，請示行政院。

三、兼主任委員交議遼寧省政府請示臨參會監察委員選舉會議主席問題如何辦理請討論案。

據政務處簽呈稱「據遼寧省政府呈以本省臨參會議

長糾紛未解決時，監察委員選舉會主席應由何人擔
任請核示」等情，茲擬：

一、暫指定由該會原副議長充任主席；

二、著其逕向中央請示；

該處所擬何條可行，敬請公決。

決議：令其逕向中央請示。

四、兼主任委員交議據蒙旗復員委員會呈擬宣撫蒙胞訓
　　練邊疆青年幹部辦法是否可行請討論案。

　　據蒙旗復員委員會簽呈稱「查本會改組伊始，各項
業務自宜積極推進，本年度本會工作計劃中除擬加
強督導各省盟所屬各旗復員工作外，並擬儘速舉辦
對蒙宣撫工作及邊疆青年幹部訓練班，謹將辦法簡
陳如左：

一、設立遼蒙、熱蒙兩地區宣撫特派員辦事處，為
　　加強對蒙宣傳、招撫、策反、救濟等項工作，
　　促進蒙旗復員，擬將原有之前政委會蒙旗宣撫
　　特派員辦事處改組為遼蒙宣撫特派員辦事處，
　　仍設於四平，另於朝陽成立熱蒙宣撫特派員辦
　　事處，每一辦事處設宣撫特派員及副特派員各
　　一人，並各視業務需要酌用各級工作人員七至
　　九人，每月撥給經常費與事業費若干，由本會
　　指導監督展開實際工作。

二、設立蒙旗青年幹部訓練班，為收容流亡失業之
　　蒙旗軍政人員及儲備蒙旗各項幹部人材，擬與
　　政治訓練委員會及中央訓練團東北分團會商籌

　　辦蒙旗青年幹部訓練班，由各盟旗政府保送各
　　級職員並酌量招收學員入班受訓，期間暫定為
　　半年，每屆學員一百多名，分為地方行政、教
　　育行政、會計、政工四班，每班二十五人，課
　　程除專門學科外，特別著重三民主義、世界大
　　勢及本國史地之講解，以加強邊地青年國家意
　　識，並增進其服務地方之能力與志趣，於畢業
　　後發給證書，分別遣回原機關或分發各盟旗機
　　關服務。
以上兩項工作關係收攬蒙胞心理及健全蒙旗基層政
治至為重大，均屬當務之急，擬請准予先行籌辦並
撥發專款以便進行，其宣撫訓練詳細計劃及預算容
續編造呈核」等情，是否可行，敬請公決。
決議：原簽第一項由該會直接派員宣撫無庸設置機構，
　　　第二項交政治訓練委員會統籌辦理。

五、兼主任委員交議據物調會簽請繼續配售寒假留校學
　　生食米案應如何辦理請討論案。
　　據文化處簽呈稱「據物調會卅六年十二月卅日調分
　　字第一六七三二號代電『准遼寧省教育廳教秘文
　　字第四四一號函為本省在瀋市各校寒假留校學生請
　　繼續配售食米一案，查學生食糧遵照規定自放寒假
　　起不予配售，理合陳請鑒核，仍請迅賜令飭本會以
　　憑遵辦』等情，查在瀋省立各中等以上學校雖已放
　　假，但因受共匪竄擾影響，市外各地學生均不能返
　　回原籍，該省所請繼續配售寒假留校學生食米一

節，確屬實情，擬電復物調會照各校留校人數核實配售」等情，如何辦理，敬請公決。

決議：照辦。

六：兼主任委員交議東北農耕曳引機管理所歸屬問題請再討論案。

據農田水利處簽稱「查東北農耕曳引機管理所移交一案，前經第十六次常委會決議保留在案，茲准善後救濟總署東北分署卅六年十二月卅一日東人卅六字二五三九一號亥陷代電略開『奉善後救濟總署亥梗濟農電開，查東北曳引機管理所准派該分署副署長曹漢奇兼代主任等因，自應遵照，本分署擬即前往接收，相應電請查照惠飭該所即時移交』等由，正核辦間，復交下曳引機管理所簽稱『查職所奉令移交行總東北分署一案當經遵令趕辦移交，併於卅六年十一月二十日函請東北分署派員接辦，正在接交進行中，忽奉上海機械農墾復員物資管理處亥支電開『該所移交東北分署單獨接辦，本處不能同意，已簽請總署轉電東北行轅繼續維持辦理』，復奉該處亥銑電開『亥蒸電悉，已簽請總署向聯總徵求同意將該所交由本處接辦，併擬派台端為代理隊長』，同日又奉該處亥銑電開『奉總署電各分署副本開，飭將所有空桶於亥巧移交農墾處代表並通知滬儲運廳等因，仰該員即在東北分署洽辦，將接收數量報處』，旋奉該處亥巧電開『原景春轉馬逢周東北機耕所續辦或接收，著由該員等擬

議報核』，又奉該處亥陷電開，巧由央行匯十一月
經費二〇〇〇萬元，又十二月經費迴、陷兩日各匯
二五〇〇萬，仰洽領分批備據呈處並電覆』，又該
處亥世電開『齊代電悉，東北目前應注重機械整理
及保管留用員工十餘人，月支法幣以五〇〇〇萬元
為限，仰即遵辦』各等因，復接該處專員馬逢周君
于卅六年十二月十二日由平來函略稱擬即來瀋協助
解決本所續辦或移交等問題，惟因平瀋交通阻滯，
馬君留平待機來瀋，何日到達尚難預料，先後經過
均分別簽請呈閱面述各在案，關於職所移交問題並
經鈞會於卅六年十二月十五日第十六次常務委員會
提出討論決議『本案暫予保留』記錄在卷，現本所
既不能照預定計劃于卅六年十一月底移交，又不能
冒然結束，全部員工均行留所候命，按本所現有器
械、車輛、油料等均係機械農墾復員物資管理處保
有，根據合約交由職所使用，無價代耕，因受戰爭
影響而荒蕪之田畝，本所移轉自應遵重該處之意
見，揆諸該處先後各電及匯濟款項顯已承認該處自
行接辦由職暫行代負責任，但電信往還迄未明敘，
亦無正式公文到所，及向鈞會商洽情事，職所接交
問題懸隔多日迄未解決，所內員工薪資十二月份尚
無著落，農墾處雖有接濟但為數無多，杯水車薪，
無濟於事，本案究應如何決定，仍懇速予明白核
示，以便遵行，迫切陳詞，不勝待命之至」等情，
究應如何辦理，敬請公決。

決議：分電聯總農墾處及農林部迅速確定該所隸屬。

七、兼主任委員交議茲擬具東北行轅糧食委員會組織規
　　程草案是否可行請討論案。

國民政府主席東北行轅糧食委員會組織規程草案

第一條　本行轅為統籌東北區軍民糧食，集中權力，
　　　　便於指揮監督起見，特設置糧食委員會（以
　　　　下簡稱本會）。

第二條　本會設主任委員一人，由行轅副主任兼任，
　　　　副主任委員一人，由政務委員會委員中指
　　　　派，兼任委員十五至十七人，由行轅主任就
　　　　有關方面主管人員指派兼任之。

第三條　本會除文書、議事事務、會計等項由秘書室負
　　　　責辦理外，並設左列各組分別掌理各項事務：
　　　　一、徵購組　關於徵購地點數量種類價格等
　　　　　　　　　　事項；
　　　　二、運輸組　關於水陸運輸及包裝等事項；
　　　　三、調撥組　關於儲屯集中及供需事項；
　　　　四、分配組　關於軍民及公教人員食糧分配
　　　　　　　　　　事項。
　　　　前條各組各設組長一人，副組長一人，組員
　　　　五人至七人，辦事員、雇員各若干人。

第五條　本會設督導室、稽核室，各設主任一人，督
　　　　導稽核各七人，分司業務督導及糧穀賬目之
　　　　稽核等事項。

第六條　本會職員均由本行轅及政務委員會暨有關機
　　　　關調派得力人員專任，所有薪津仍由原機關
　　　　支領。

第七條　本會辦公及旅雜各費按實際需要撙節支用。

第八條　本規程自核准之日施行。

決議：修正通過。

八、兼主任委員交議據政務處簽擬三十七年度施政準則
　　一份是否可行請討論案

東北行轅政務委員會政務部分三十七年度施政準則

壹、民政

一、簡化各級行政機構，健全基層組織，使組織緊湊運
　　用靈活而為富有機動性之戰鬥體。

二、調整各級人事遴選，樸質無華，實事求是之行政幹
　　部，實施嚴格訓練與管理，促進其思想及生活之合
　　理化，加強與共匪鬥爭之技能，以合於戰鬥之要求
　　並激發朝氣，提高其自信力與責任心，以發揮最高
　　度之工作情緒，增進工作效率。

三、整飭吏治，樹立廉能苦幹為人民服務之政風，綜覈
　　名實，信賞必罰，嚴格考成，獎進政績。

四、加強黨政軍民聯繫，集中鬥爭目標於共匪，互相信
　　賴，精誠團結，協同一致，發揮力量。

五、展開政治戰各級機構及所屬之大小單位均須集中力
　　量於組訓民眾，剿匪戡亂之工作重點並編組政治工
　　作隊參加各地實際工作，以澈底粉碎共匪陰謀及一
　　切組織。

六、以發動人民人力、物力保衛家鄉之安全，為推行地
　　方自治之首要工作，澈底組織民眾自衛隊，辦理戶
　　籍，屬行連坐，務使異動詳明，奸黨無從匿跡。

七、成立各級正式民意機構，健全各級人民團體，俾能
　　擁護國策，動員戡亂，以促進民主憲政之實施。

八、擴大兵役宣傳，嚴懲舞弊員司，優待征人家屬，各
　　級政府及人民對境內或過境國軍應大量發動慰勞，
　　供給情報嚮導，並協助運輸等工作，以便利軍事，
　　爭取同情互助。

九、調整各級警察機構，加強員警教育，整飭紀律，力
　　矯積弊，俾能發伏肅奸，配合剿匪軍事。

十、依法清理敵偽及共匪非法處分之土地權益，並依據
　　實際需要逐步調整土地分配，推行國家土地政策。

十一、屬行禁煙禁毒，普遍設立戒煙院所，依法限期禁
　　　絕，發動社會制裁，獎勵密告，執行切結連坐。

十二、健全各級衛生機構，促進公共保健，切實注意
　　　防疫，辦理生命統計。

十三、倡導正當娛樂，推行新生活運動。

十四、統一救濟機構確定由所在地政府負責辦理，並
　　　改正有錢發錢、有糧發糧的消極救濟辦法，由
　　　所在地政府對流亡難民統籌收容編組訓練，授
　　　以鬥爭技術，分別予以就學就業服役等機會。

十五、已接收之各級政府非至情況萬分惡劣時不得離
　　　開轄境，並應隨時組織政治工作隊或突擊隊在
　　　境內活動，打擊共匪維護政權，未接收之各級
　　　政府應有計劃的遣派幹部深入轄境，建立政治
　　　及軍事據點，偵察匪情，展開鬥爭，並應由點
　　　而面逐漸擴展，積極滲透策反，牽制匪軍以達
　　　到重建政權、瓦解共匪之一切黨政軍組織之目

　　　　　的，其由軍隊收復之地區，政治力應立即跟進
　　　　　辦理清鄉善後等工作，藉收配合之效。

十六、繼續遣送日僑、韓僑。

貳、保安

十七、民眾組訓應澈底普遍，使人人皆為保衛家鄉之鬥
　　　　　士，其基層組織以不脫離生產為原則，其脫離生
　　　　　產之縣鄉兩級常備自衛力量應視地方財力定其
　　　　　數額。

十八、辦理民槍登記第一步先以地方原有之武器彈藥
　　　　　切實編整，如有不足再圖擴充。

十九、整訓保安團隊，加強教育，嚴肅紀律，切實負
　　　　　起，保衛地方責任。

二十、以全民力量實行縣鄉鎮之聯防自衛，不分畛
　　　　　域，互相救助。

二十一、保護交通電訊，嚴密對匪封鎖。

決議：修正通過。

丙、散會

東北行轅政務委員會
第二十四次常務委員會議紀錄

時　　間　三十七年一月七日上午九時

地　　點　瀋陽本會三樓會議廳

出席人　　王副主任委員樹翰　　高常務委員惜冰

　　　　　王常務委員家楨　　　馮常務委元庸

　　　　　朱常務委員懷冰

列席人　　行轅彭秘書長濟羣　　物調會楊主任委員綽庵

　　　　　吳主任委員瀚濤　　　張主任委原振鷥

　　　　　吳主任委員煥章　　　劉主任慕曾

　　　　　魏處長鑑　　　　　　徐處長鼐

　　　　　宵處長嘉風　　　　　崔處長垂言

　　　　　杜處長春宴　　　　　崔處長宗培

　　　　　許處長文國　　　　　吳處長中林

　　　　　陳會計長秉炎

主　　席　王副主任委員樹翰

記　　錄　楊仲揆

甲、報告事項

（略）

乙、討論事項

一、兼主任委員交議東北兒童教養院請撥院舍及經費案
　　擬具辦法請討論案。

　　據政務處簽呈略稱「奉交莫委員德惠等函壹件，為

東北兒童教養院在渝創辦六載之久，收容東北籍烈士遺族及流亡難童千餘人，成績卓著，勝利後遷瀋，仍有遺孤二百五十六人無家可歸，請撥院舍並發專款充作經常費等由，查該院所需經費甚鉅，非本會財力所能負擔，經派員與瀋陽市立救濟院洽商，擬將東北教養院遺孤二百五十六人交由該院收養，業已取得同意，惟查瀋陽市救濟院經費向感困難，收容人數增多後亦難維持，可否由本會三十七年度社會事業行政費項下酌予補助，仍請核示」等情，是否可行，敬請公決。

決議：通過。

二、兼主任委員交議交通處轉呈東北運輸總局擬設柴油發電機十組請撥專款案是否可行請討論案。

據交通處呈稱「奉交東北運輸總局呈為確保鐵路通訊及行車所需最低電力會奉行轅代電飭設法自行發電以防萬一，遵擬籌設柴油發電機十組，總價美金二一七、五五五元，並請按照中央銀行十二月五日之牌價（美金每元合流通券六、三四七‧八三元），折合流通券一、三八一、○○三、九九六‧五二元撥付，以便籌設等情前來，經詳為審核結果，擬准分別緩急作為兩批設置，第一批計六組，按原請計合流通券七八○、九七七、三九七‧○八元，先行設置，第二批計四組，按原請計合流通券六○○、○二六、五九九‧四四元，暫緩設置，以後視需要情形再定，謹將一、二兩批設置數

量列表呈核，並說明如次（列表附後）：

1. 皇姑屯機廠用電據請籌設 75KW 容量之發電機三組，查該機廠原已備有一部份之發電設備，擬准先設二組，餘一組做為第二批，從緩設置。

2. 查錦州方面請設之發電機，原請附表分列三組，擬准先設二組，其中錦局請設之 75KW 容量發電機一組作為第二批設置。

3. 查吉局及齊局請設之二組，因目前情勢關係，行車幾近停頓，似非急需，擬均從緩列入第二批內。

4. 所需購置電機價款據請按照美金牌價折合流通券撥付一節，是否可行，擬請財務處核辦。

以上所擬是否可行，敬請公決。

擬准分批籌設柴油發電機審核表

第一批設置數量表

需用處所	容量	數量
錦州交換所	25 KW	1 組　固定式
錦州地區	75 KW	1 組　固定式
皇姑屯機廠	75 KW	2 組　固定式
瀋陽電信所	50 KW	1 組　固定式
瀋局	75 KW	1 組　移動式
共計	300 KW	6 組

第二批設置數量表

需用處所	容量	數量
皇姑屯機廠	75 KW	1 組　固定式
錦局	75 KW	1 組　移動式
吉局	75 KW	1 組　移動式
齊局	75 KW	1 組　移動式
共計	300 KW	4 組

決議：緩辦。

三、兼主任委員交議據交通處呈為東北運輸總局對調整
　　東北公路機構意見與本會指示原則不同應如何辦理
　　請討論案。
　　一、經過：
　　（一）在五次攻勢以後，前經濟委員會辦理瀋長汽
　　　　　車運輸，曾設遼寧、遼北、吉林三省公路聯
　　　　　運處，同時行轄方面為積極搶修公路，又飭
　　　　　東北運輸總局成立東北公路督修工程處。
　　（二）本會前為簡化交通機構加強公路管理，飭
　　　　　將遼吉聯運處由東北運輸總局接管，與東
　　　　　北公路督修工程處合併，另成一公路管理
　　　　　機構。
　　（三）東北運輸總局呈復意見
　　　　　1. 暫時維持原狀及遼吉聯運處與督修工程
　　　　　　 處仍單獨成立，不加合併
　　　　　2. 將遼吉聯運處按原有人員組織及待遇暫
　　　　　　 歸督修工程處管理，仍責成自給自足。
　　二、辦法：
　　（一）遼吉聯運處與督修工程處合併前經簽准有
　　　　　案，最近行轄第四處主辦之（一一八五三）
　　　　　號文亦飭將遼吉聯運處撤銷，故對該機構
　　　　　之調整原則上應無問題。
　　（二）遼吉聯運處與督修工程處歸併調整後另成
　　　　　何項機構方始實際，敬請公決。
　　決議：仍照本會前令合併，就運輸總局內設立公路處。

四、兼主任委員交議據交通處呈為東北運輸總局及中長
　　路局奉交通部令請調整客貨運價案是否可行請討
　　論案。
　　一、理由：
　　（一）東北區鐵路運價准照平津區運價劃一調
　　　　　整，前請行轅核定有案。
　　（二）上次鐵路運價係於上年十月十六日調整，實
　　　　　行兩月來因物價波動，路局收支確感不敷。
　　（三）關於鐵路運價之調整係經交通部呈奉行政院
　　　　　核准實行，事屬通案，東北區自不便例外。
　　（四）此次調整運價僅普通客貨運價增加一倍，
　　　　　其餘為食糧及油鹽等項民生日用品則均分
　　　　　別予以六折及八五折優待，故對人民生計
　　　　　亦能顧及。
　　二、辦法：擬准自本月十一日起實行。
　　所擬是否可行，敬請公決。
決議：通過。

五、朱常委提東北運輸總局組織規程草案經集會審查請
　　公決案。
　　查本會第二十二次常委會議討論第四案兼主任委員
　　交議東北運輸總局組織規程草案，經交通、財務、
　　政務三處分別簽註意見，應如何辦理，請討論案，
　　決議推朱常委、王常委、馮常委會同審查，並請陳總
　　局長及交通、政務、財務三處處長列席等語記錄在
　　卷，經於本月五日上午九時開會審查審查結果如下：

一、東北運輸總局組織規程草案因已經過立法程
　　序，擬不予變更。

二、為配合東北交通業務現狀，其員額酌予緊縮約
　　如下：

　　1. 該總局實用員額擬暫以六百人為限。

　　2. 該總局所轄各區鐵路管理局設置員額暫定
　　　　如下：

　　　　（一）錦州、吉林兩路局均照現在實有員
　　　　　　　額列用（由交通處查）；

　　　　（二）瀋陽路局按每公里十四人列用；

　　　　（三）齊齊哈爾路局暫行留用二百人以保
　　　　　　　管器材文卷；

　　　　（四）所有編餘人員悉予資遣，由陳總局
　　　　　　　長擬定辦法呈會。

　　以上意見是否可行，敬請公決。

決議：照審查意見修正通過：審查意見第二項（一）
　　　「錦州、吉林兩路局均照現在實有員額列用」，
　　　改為「錦州、吉林、瀋陽三路局均照現在實有
　　　員額列用」，第二項（二）「瀋陽路局按每公
　　　里十四人列用」句全刪。

六、兼主任委員交議茲擬定東北行轅轄屬地區公教員工
　　福利實施方案是否可行請討論案。

物資調節委員會簽註意見

　　奉交「東北行轅轄屬地區公教員工福利實施方
案」，謹查其中最成問題者乃係虧耗部份，茲暫就瀋陽

市估計：

（一）按原方案所列標準配量斟酌人數總量及目前成本估計，每月需要週轉資金六十六億九千萬圓（附表一），為統籌計，應事先儲備三個月之量，則共需二百億七千萬圓，物調會目前資力尚可應付。

（二）每月扣回配價一節，如學生免扣，僅靠公教人員方面估計，每月僅扣回十六億六千萬圓（附表一說明），則月虧五十億三千萬圓，偌大數額是否可由政府貼補，此外對於大米及麵粉來源尚無把握，似不宜硬性規定大量配售，基於前述情形謹擬意見如左：

　　（一）配給物資方面參酌中央標準及平津辦法暨目前實況。

　　　　（1）公教員工及其眷屬配售糧食，一律大口每人三十市斤、小口十五市斤，糧食種類暫定職員本人配大米或麵粉十五市斤、高粱米十五市斤，其餘全配高粱米，仍得視物資來源酌予變更。

　　　　（2）學生配售高粱米（或其他雜糧）改為四十市斤。

　　　　（3）食鹽、豆油、棉花三項或以市面向感缺乏或以為量不多，均擬暫不配售。

　　　　（4）棉布一項擬職員本人每年增加十尺，工警本人增加五尺，餘仍舊。

　　（二）配價方面公教人員照原訂標準計算扣價，

　　　　　學生亦擬照樣收價，以免政府過於虧損。

（三）按上情形重新估計資金總額，每月計為五十三億六千萬圓（附表二），三個月共計一百六十億八千萬圓，估計每月收回配價二十一億四千萬圓（附表二說明），則每月仍虧三十二億二千萬圓。

茲擬：

（1）資金部份由政府撥付或由物調會調撥。

（2）虧損部分由政府貼補，必要時再酌提高配價以輕國庫負擔，綜前所述乃僅瀋陽一市而言，其他縣市則視資金可能籌撥以及政府可能貼補數額再行計劃。

瀋陽市公教員工及學生每月配售物資計劃表

表一　依實施方案原案編列

甲、人數及需要量

類別		總計	公教人員						學生
			職員	眷屬		工警	眷屬		
				大口	小口		大口	小口	
人數		107,000	18,000	27,000	18,000	10,000	8,000	2,000	24,000
大米或麵粉	單量		15.0	15.0	7.5				
	總量	810,000	270,000	405,000	135,000	—	—	—	—
高粱米 市斤	單量		15.0	15.0	7.5	30.0	30.0	15.0	45.0
	總量	2,460,000	270,000	405,000	135,000	300,000	240,000	30,000	1,080,000
食油 市斤	單量		1.5	1.5	1.0	1.0	1.0	0.5	1.5
	總量	140,500	27,000	40,500	18,000	10,000	8,000	1,000	36,000
食鹽 市斤	單量		1.0	1.0	0.5	1.0	1.0	0.5	1.0
	總量	97,000	18,000	27,000	9,000	10,000	8,000	1,000	24,000
煤炭 市斤	單量		600			300			
	總量	13,800,000	10,800,000	—	—	3,000,000	—	—	—
棉布 市尺	單量		20/12	20/12	15/12	15/12	15/12	10/12	
	總量	121,660	30,000	45,000	22,500	12,500	10,000	1,660	—
棉花 市斤	單量		3/12	3/12	2/12	3/12	3/12	2/12	
	總量	19,084	4,500	6,750	3,000	2,500	2,000	334	—

乙、需要資金

物資類別	單位	數量	單價	總價
大米或麵粉	市斤	810,000	1,200	972,000,000
高糧米	市斤	2,460,000	1,500	3,590,000,000
食油	市斤	140,500	3,500	491,750,000
食鹽	市斤	97,000	2,000	194,000,000
煤炭	市斤	13,800,000	80	1,104,000,000
棉布	市尺	121,660	1,200	145,992,000
棉花	市斤	19,084	5,000	95,420,000
總計				6,693,162,000

說明：配價部分學生免收，公教人員參酌生活基本數擬定，假定職
員每人平均收回 7 萬元，工警收回 4 萬元，共計 16 億 6 千萬
元，如在總資金內扣除，尚需政府補貼 50 億 3 千萬元。

表二　依本會改擬辦法編列

甲、人數及數量

類別		總計	公教人員						學生
			職員	眷屬		工警	眷屬		
				大口	小口		大口	小口	
人數		107,000	18,000	27,000	18,000	10,000	8,000	2,000	24,000
大米或	單量		15.0						
麵粉	總量	270,000	270,000	－	－	－	－	－	－
高粱米	單量		15.0	30.0	15.0	30.0	30.0	15.0	40.0
市斤	總量	2,880,000	270,000	810,000	270,000	300,000	240,000	30,000	960,000
煤炭	單量		300			150			
市斤	總量	6,900,000	5,400,000	－	－	1,500,000	－	－	－
棉布	單量		30/12	20/12	15/12	20/12	15/12	10/12	
市尺	總量	140,833	45,000	45,000	22,500	16,677	10,000	1,666	－

乙、需要資金

物資類別	單位	數量	單價	總價
大米或麵粉	市斤	270,000	1,200	324,000,000
高粱米	市斤	2,880,000	1,500	4,320,000,000
煤炭	市斤	6,900,000	80	552,000,000
棉布	市尺	140,833	1,200	169,000,000
總計	市斤			5,365,000,000

說明：配價部分除公教人員全照此表總收回，計得 16 億 6 千萬元
外，學生方面亦擬參照收價，假定每人收回 2 萬元，2 萬 4
千人合收 4 億 8 千萬元，連前共收回 21 億 4 千萬元，如在本
表總收資金內扣除，尚需政府貼補 32 億 2 千萬元。

決議：原則通過，推朱常委會同楊主任委員、劉主任
　　　修正，並擬各種實施辦法提會討論。

七、兼主任委員交議工商處簽擬輸出商貨檢查暫行辦法
　　及違反許可輸出檢扣物資處理暫行辦法草案各一種
　　是否可行請討論案。
　　據工商處簽呈稱「查前經濟委員會公佈之改訂輸出
　　商貨檢查暫行辦法及違反許可物資暫行處理辦法，
　　實施已有多日，近經查酌實際情形，檢討原擬辦
　　法，亟應另行厘定之必要，茲經參照原辦法重新擬
　　定輸出商貨檢查暫行辦法及違反許可輸出檢扣物資
　　處理暫行辦法各一種，擬即公佈施行，並將前經委
　　員會公佈之上項辦法兩種即予同時廢止」等情，是
　　否可行，敬請公決。

輸出商貨檢查暫行辦法草案
第一條　東北行轅政務委員會（以下簡稱本會）為防
　　　　止商貨出入調節暫行辦法所規定之「許可輸
　　　　出」類及「禁止輸出」類之各種物資（以下簡
　　　　稱商貨）私運東北境外起見，特訂本辦法。
第二條　輸出商貨檢查事宜由本會指定之檢查機關派
　　　　員於必要地點辦理之。
第三條　「許可輸出」類及「禁止輸出」類之商貨起
　　　　運時，應持同本會核發之「許可輸出申請書」
　　　　或「特許輸出申請書」三份，送由起運地點
　　　　檢查機關查驗，一份存檢查機關，一份由檢
　　　　查機關寄呈本會，一份由檢查機關加蓋「驗

訖」戳後交還貨主隨貨出境。

第四條　檢查機關應驗明輸出商貨品類數量與本會核
　　　　發之「許可輸出申請書」所載相符及核准印
　　　　鑑無訛後方能放行。

第五條　檢查機關如查覺輸出商貨內容不符或私運「許
　　　　可輸出」類「禁止輸出」類商貨時應予檢扣，
　　　　並於二日內報請本會處理。

第六條　檢查輸出商貨時間以不妨礙車船開行之時間
　　　　為原則。

第七條　海關稅局為稽查稅收應在同一地點辦公及在
　　　　同時間抽查為原則，以利商運。

第八條　本辦法自公佈之日起施行。

違反許可輸出檢扣物資處理暫行辦法草案

第一條　東北行轅政務委員會（以下簡稱本會）為處
　　　　理違反許可輸出規定被檢扣之各項物資（以
　　　　下簡稱商貨）起見，特訂本辦法。

第二條　本辦法內所稱許可輸出物資係指商貨出入調
　　　　節暫行辦法內規定之許可特許等輸出類商貨
　　　　而言。

第三條　凡經檢扣違反許可輸出規定之各項商貨，除
　　　　法令另有規定者外，依本辦法處理之。

第四條　領有本會核發之許可輸出申請書於許可範圍
　　　　以外摻雜未經列載之他種商貨而超過核定數
　　　　量或易以禁止輸出類物品企圖朦混夾運者，
　　　　其超過核定或禁止輸出部分一概予以沒收，
　　　　並由檢查機構報憑本會估售，適用本項商貨

之機關及工廠或經本會核准後變價，以所得價款百分之二十提充該項檢查出力人員獎金，其餘百分之八十解交本會繳入國庫，如有須償付處理該項商貨所需倉儲運雜各費，得在解繳數內憑據扣抵，但摻雜之商貨尚未超過許可之總重量而其性質為許可輸出類時，得由貨主申述理由，經核實後准其補辦申請許可輸出手續。

第五條　前條補辦申請許可書手續期間，因保管所支費用由貨主負擔，如天然腐損變質並由貨主自理。

第六條　凡企圖運往匪區在封鎖邊界查獲或雖領有許可書而與所請路線相反運輸有走私行為者，無論何類貨物一律沒收，按本辦法第四條規定應處理之。

第七條　凡違反「許可輸出規定」之商貨，經在火車、汽車、輪船或飛機運輸中被查獲時，無論何類貨物一律沒收，按本辦法第四條規定處理之，並由被驗人員查明起運站之負責人員職名報由本會通知其主管機關依法究辦。

第八條　本辦法如有未盡事宜，得隨時修正補充之。

第九條　本辦法自公佈日起施行。

決議：交工商、財務、秘書三處連同「商貨出入調節暫行辦法」一併審查提會討論。

八、兼主任委員交議空軍第一軍區司令部電請接管前滿

洲理化學工業株式會社及滿洲炭酸瓦斯工業所案如
何辦理請討論案。

據工商處簽呈稱「奉交空軍第一軍區司令部代電為
請撥前滿洲理化學工業株式會社及滿洲炭酸瓦斯工
業所交該軍接管利用一案，業經行轅飭據東北生產
管理局聲復滿洲理化學工廠已於本年七月間由生產
管理局租與商民趙從五經營專門製造電石瓦斯及電
石，擬有生產計劃，每日產量約六百桶，原料業經
購備，房舍已加修葺，但因瀋市電源不足，迄未開
工製造，滿洲炭酸瓦斯工廠亦已由東北生產管理局
租與商民張玉樓經營，正在辦理租約中，尚未正式
開工等情，按該工廠生產設備製造成品均屬商民日
用物資，現既無電無法開工，等於棄置未用，現空
軍司令部因飛機修造、油彈庫之維護，既屬需要請
撥，由該軍接管亦不無理由，並可以軍用關係申請
特別配電提早復工，但該工廠於復工後所製成品除
一部供飛機修造及維護油彈庫外，其餘量如何配用
須待研討，如完全由軍方統制，亦足影響民需，且
該廠已經商人訂約，更從事設備購置，並非商人無
力經營，只待來電復工，一旦交由軍方接管，原承
租人所受損亦須顧及，綜核上列實際情形，謹擬具
處理辦法如下：

（一）仍由生產管理局主管辦理製造成品，優先
　　　供給空軍第一軍區司令部價購應用，關於
　　　需電問題，由生產管理局及空軍第一軍區
　　　司令部會同向電力局交涉特別供電，以便提

早復工，如此辦理不但軍需供應可資解決，且免致生產局因變更處理而生枝節問題。

（二）由空軍第一軍區司令部接管原承租人趙從五、張玉樓，所有財產上之損失由該軍司令部負責補償，復工後之剩餘成品應交由物資調節委員會統籌配售瀋市工廠商民應用。」

該處所擬何者可行，敬請公決。

決議：照原簽第一項辦理。

九、兼主任委員交議據統一接收委員會電稱東北生產管理局應接管工廠五十單位被各機關佔用請轉飭迅速移交案如何辦理請討論案。

據工商處簽呈稱「據統一接收委員會代電稱，東北生產局應接管之工廠六十八單位均被各機關佔用，經呈奉行轅代電指示：

（一）如係軍事機關學校部隊佔用者，可報由行轅查明核辦，

（二）其他機關佔用者，應由該會逕報政務委員會核辦等因，除其中被軍事機關佔用之十八單位逕請行轅核辦外，其由各機關佔用者計五十單位，檢同清冊請轉飭迅予移交等情，查附表所列各工廠既經統委會決定交由東北生產局接管經營，如無特殊情形，自應仍交由該局接管以符原案而便管理，擬由會令飭各佔用機關迅予移交如有特殊情形應敘明理由呈會核示。」

等情，是否可行，敬請公決。

決議：照辦。

十、兼主任委員交議據文化處擬具東北青年招訓練隊組
　　織大綱草案是否可行請討論案

東北青年招訓總隊組織大綱草案

第一條　為收訓流亡學生，搶救匪區青年起見，特設
　　　　置東北青年招訓總隊。

第二條　東北青年招訓總隊隸屬東北行轅政務委員會
　　　　政治訓練委員會。

第三條　東北青年招訓總隊下設大隊、中隊、區隊，每
　　　　五十一人為一區隊，每三區隊為一中隊，每三
　　　　至五中隊為一大隊，二大隊以上為總隊。

第四條　總隊設總隊長一人，綜理全總隊事務，設總
　　　　隊附二人襄助總隊長分掌管理訓教事宜，均
　　　　由東北行轅政務委員會派任之。
　　　　大隊設大隊長一人，在總隊長附指揮之下處
　　　　理大隊事務，設大隊附一人襄助大隊長辦理
　　　　大隊事宜。
　　　　中隊設中隊長一人，在大隊長指揮之下處理
　　　　中隊事務，設中隊附一人襄助中隊長辦理中
　　　　隊事宜，設駐隊訓育幹事一人秉承管訓組長
　　　　及中隊長指示負責中隊訓導事宜。
　　　　區隊設區隊長一人，在中隊長指揮之下處理
　　　　區隊事務。

第五條　總隊部設以下各組

　　　　甲、總務組－掌理文書、經理、出納事宜；

　　　　乙、教務組－掌理教務編纂事宜；

　　　　丙、管訓組－掌理軍事管理及訓育指導考核
　　　　　　事宜；

　　　　丁、會計室－掌理簿記稽核事宜；

　　　　戊、醫務室－掌理衛生治療事宜。

　　　　各組設組長一人，總務組下設組員三人、辦
　　　　事員五人，教務、管訓兩組下各設組員二人
　　　　至三人、辦事員二人，各室設主任一人，會
　　　　計室下設會計員一人、助理員二人，醫務室
　　　　下設醫官二人、司藥一人、護士四人，分別
　　　　辦理各項事務，上列人員以在政工隊選任為
　　　　原則。

第六條　總隊設政治、軍事及普通學科教官若干人，
　　　　並聘請黨政軍高級人員擔任特約講演。

第七條　總隊於接近匪區地點設青年招致站，其組織
　　　　另定之。

第八條　本組織大綱自呈奉核定後施行。

東北青年招訓總隊組織系統表

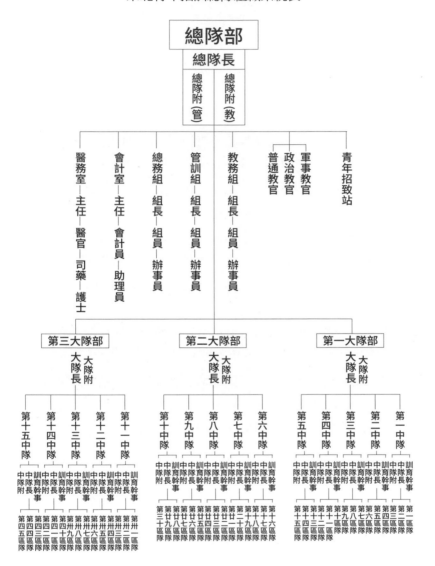

決議：修正通過第五條丁、會計室「掌理簿記稽核事
　　　宜」改為「掌理歲計會計事宜」。

十一、兼主任委員交議瀋陽汽車公司及電車廠請自卅七
　　　年元旦起調整票價案如何辦理請討論案。
　　　據交通處簽呈稱「奉交瀋陽市政府呈以據瀋陽
　　　汽車公司及電車廠先後呈稱因物價奇漲入不敷
　　　出，請准自三十七年元旦起汽車票價調整為六百
　　　元，電車票價調整為五百元，轉請鑒核等情，
　　　當經本處洽據瀋市臨參會稱，該兩案業經臨參
　　　會議決通過，並已准如期實行等語，查該兩單
　　　位係屬公用機構，所請加價一節既經代表民意
　　　之臨參會議決准辦，擬順從輿情准予備案」等
　　　情，是否可行，敬請公決。
決議：通過。

十二、兼主任委員交議茲擬具本會本年度一至六月份支
　　　出概算書乙份是否可行請討論案
　　　據會計處簽呈稱：「查本會及所屬單位卅七年度
　　　一至六月份支出概算書業經按照核定編制及實際
　　　需要情形編擬竣事，計列經常費流通券二三二、
　　　四二四、八〇二元，臨時費二、四九四、八
　　　三八、三四〇元，共計流通券二、七二七、二
　　　六三、一四二元，是否可行，簽請核示」等情，
　　　敬請公決。
決議：修正通過。

十三、兼主任委員交議據會計處等會簽政工隊經費預算
　　　及配給實物等項處理辦法是否可行請討論案。

　　　據會計處等會簽稱「查政工隊訓練在即，關於訓
　　　練經費預算撥發款項及配合實物等各項問題，經
　　　職處召集政務、財務兩處、主任委員辦公室、訓
　　　練委員會、中央訓練團等有關單位開會研討，茲
　　　將擬定辦法分陳如次：

　　（一）編擬預算問題：目前以參加該隊受訓單位
　　　　　及人數尚未確定，自無法成立正式預算，
　　　　　擬暫就業已報到之單位，計政經兩會及其
　　　　　附屬單位五六〇人及瀋陽市政府等二四〇
　　　　　人，共計八〇〇人，編擬臨時預算，以為
　　　　　撥款之依據。

　　（二）撥發款項問題：除開辦費二八六、七四
　　　　　〇、〇〇〇元應一次撥發以備該隊緊急修
　　　　　繕購置之用外，其餘經常費月份分配數
　　　　　四、一一〇、五九二元，臨時費月份分配
　　　　　數三六一、一九一、八八一元，擬按月發
　　　　　給，計第一個月連同開辦費應行撥發六五
　　　　　二、一四二、四七三元，並將該隊業已支
　　　　　領之款扣除，以後如無變更，即照上列月
　　　　　份分配數按月發給，俟該隊正式預算核定
　　　　　後再行扣補。

　　（三）配給實物問題：關於參加受訓人員膳費擬
　　　　　請由公開之：

　　　　（1）主食計每人每月配發高粱米四六市

斤，月共需三六、八〇〇市斤；

（2）副食擬照公費生待遇按基本生活補
助費七分之一計，每月每人一二、
三〇〇元，共計九、八四〇、〇〇
〇元；

（3）取暖及炊事用煤月計三〇〇噸；以
上三項除編入預算並每月折發代金
外，關於所需實物數量擬由本會令
飭物調會按月如數配售。

（四）服裝被褥問題：擬由本會商請第六補給區
借用。

以上四項是否可行，簽請核示」等情，是否可
行，敬請公決。

決議：修正通過：

（一）第三項每月配發高粱米量改為四十五
市斤；

（二）薪津之承領發放於部隊設會計人員辦
理之。

丙、臨時動議

一、兼主任委員交議據工商處請救濟資委會東北區各廠
礦案如何辦理請討論案。

據工商處簽呈稱「查近日以來燃煤問題日趨嚴重，
雖稍有積存，乃為萬一救急之用，目前每日軍運
之無阻，電力之維持，兵工廠之生產及空軍用煤無
缺，皆以撫順之產煤為依賴，但撫順經過冠匪之劫

掠，器材之徵用已至萬難維持之狀態，且鍋爐電機
均破舊不堪，勉為使用，隨時有發生危險之可能，
設撫順發生問題，非但瀋陽立成黑暗世界，其影響
於軍事更為嚴重，因其關係至重，故每次撫順要求
煤價調整、食糧礦材需要等項，本處均即為簽請設
法維持，以期在此軍事緊急時期維持生產現狀免生
意外（至於撫順組織之龐大機構之不健全，已令其
相機縮減改進外，並有督導小組隨時督促改進，俟
軍事有進展，安定後再行合理調整，然自本月份以
來物價波動過鉅，該礦已至不能維持之狀態，見督
導小組主任胡霖報告），本行轅轄區日小，流通券
發行有限，對於撫順之維持亦感頭寸過鉅，又其他
煤礦如阜新、本溪及鞍山鋼鐵廠均屬軍事國防之重
要，亦同罹於難，故對目前危機亟需及時謀補徹底
救濟，庶與軍事配合，而期早日完成戡亂建國之大
計，為配合軍事保護經濟，經濟支持軍事之政策，
以保護國防工業計，擬請本行轅速電行政院確定決
策，對於資金及物資作有計劃之援助」等情，如何
辦理，敬請公決。

決議：電行政院。

二、兼主任委員交議據財務處簽請令飭四聯東北分處放
　　寬匯款管制尺度案是否可行請討論案。
　　據財務處簽稱「謹查四聯東北分處自去年十二月起
　　即：（1）停做向關內訂貨匯款，（2）停做平津以
　　外各地之個人贍家匯款，審察當前地方經濟金融情

形，該處此項措施似有未合，擬請鈞座飭該處：

1. 軍公教人員及一般民眾向關內各地之贍家匯款應照舊普遍承做；
2. 恢復訂貨匯款；
3. 除廣州、福州及上海外，請中央銀行在各地軋撥頭寸；
4. 放寬工商匯款及贍家匯款之一般審核尺度（詳見附東北區匯往區外工商款項規則草案、東北區匯往區外贍家款項規則草案、東北各機關向關內劃撥款項規則草案）。

理由：

1. 吸收通貨回籠以減少新鈔發行，查近來各地國行鈔票奇缺，影響一切軍政措施情形至為嚴重，目前永吉以鈔票缺乏，以致糧食無法搶購，薪餉無法發放，其他工作亦多有因而停滯者，市面情形異常恐慌，長春亦有同樣情形，兩週來瀋陽亦見露端倪，而格於印刷及運輸力量，將來鈔票之運濟情形短期間恐難改善，截至本月六日止，瀋國行應付未付款項約一六九七億，而庫存約一〇〇億，僅十七分之一，最近將來即應撥付款項上有軍糧款約四百億，民食款約二百億，代墊國防部購軍用副食大豆款約一百二十餘億，其他每月經常墊撥款項又約在千億左右，故以國行現有頭寸及當前運濟情形實難應付，若四聯放寬匯款尺度，則每月可有四百至六百倍通貨回籠，亦即減少同數新鈔之發行，對於券缺之解決當大有

補益。

2. 減少游資，增加物資供應以平抑物價，查目前此間物價上漲甚鉅，一般生活必需品物價水平約為平津之倍以上，上海之五倍以上，人民生活堪虞情形至為嚴重，若四聯放寬匯款尺度，則一面大量減少市場游資，一面增加物資供應物價，當可逐漸與平津各地趨向均衡。

3. 平衡關內外負擔，鞏固戡亂經濟基礎，查目前收復區域甚小，政府為迅平匪亂，派駐大量軍隊，每月軍政各費支出浩大，以如此狹小地區負擔如此龐大支出，恐將促使地方經濟，動搖影響軍事戡亂，或更進而波多關內各地，放寬匯款尺度可使關內外人民負擔平衡，不致因一地一時之經濟動搖而影響整個局勢。」

等情，核示前來如何辦理，敬請公決。

東北區匯往區外工商款項規則草案

一、東北區各地工商業者由關內各地購運貨物之價款，得由國家行局庫匯出，並按實際情形分為到貨匯款及訂貨匯款。

二、到貨匯款須呈驗運單或關單（或稅票）或發票，經審查屬實後准予匯出。

三、訂貨匯款應由申請匯款人覓具殷實商保兩家保證，其於匯出款項之日起兩個月內將訂購物運到東北境內，並繳驗運單或關單（或稅單）或發票，如因特殊情形不能於規定期限內將訂貨運到時，應由原申請匯款人陳述理由呈由承匯行局轉請四聯東北分

處查酌實際情況核定展限。

東北各機關向關內劃撥款項規則草案

一、東北各機關在關內需用款項應一律採劃撥方式，並
　　按實際情形分由機關自行劃撥或由中央銀行劃撥。

二、左列情形各款應由其機關自行劃撥：

　　甲、軍事機關及部隊在關內購買軍需物品費用及分
　　　　駐關內各地辦事處之經費；

　　乙、由中央庫撥經費之黨政、文化、教育等機關在
　　　　關內之用款；

　　丙、由中央庫撥經費或在關內有營業收入各經濟事
　　　　業機關在關內需用款項不超過各該機關庫撥經
　　　　費及營業收入之款項；

三、左列情形各款得由承撥中央銀行國庫劃撥撥往地點
　　中央銀行國庫、原撥款機關或其委託機關之保管
　　金戶，並憑審計部之駐庫審計員審查合格後逐筆
　　支用。

　　甲、由中央庫撥經費或在關內有營業收入各經濟事
　　　　業機關在關內所需款項超過其庫撥經費及營業
　　　　收入時其超過額。

　　乙、非由中央庫撥經費且在關內無營業收入各經濟
　　　　事業機關其必須在關內使用款項。

四、左列情形各項小額款項得由各地承撥中央銀行撥由
　　撥往地點中央銀行支付。

　　甲、機關部隊派往關內公差人員差費及東北區調防
　　　　關內部隊之當月經費。

　　乙、地方行政機關及在關內無收入之教育、文化等

機關其必須在關內使用款項。

東北區匯往區外贍家款項規則草案

一、公教人員每人每月贍家匯款應以各該月薪津總額
　　為度，申請書上應加蓋申請人服務機關關防以資
　　證明。

二、軍人每人每月贍家匯款應以各該月薪餉及特別獎金
　　總額為度，申請書上應加蓋申請人所屬之軍事機關
　　或部隊關防以資證明。

三、一般民眾贍家匯款每人每月暫以不超過二十萬元為
　　限，申請人如為工商人員應於申請書上加蓋其服務
　　工商號圖章及該工商號經理人私章，其他人民應於
　　申請書上加蓋該管保甲長圖章，以資保證匯款人眷
　　屬確在關內。

決議：通過。

丁、散會

東北行轅政務委員會
第二十五次常務委員會議紀錄

時　間　三十七年一月十日上午九時

地　點　瀋陽本會三樓會議廳

出席人　王副主任委員樹翰　　高常務委員惜冰

　　　　王常務委員家楨　　　馮常務委元庸

　　　　朱常務委員懷冰

列席人　行轅彭秘書長濟羣　　吳主任委員瀚濤

　　　　吳主任委員煥章　　　劉主任慕曾

　　　　魏處長鑑　　　　　　徐處長鼐

　　　　宵處長嘉風　　　　　崔處長垂言

　　　　杜處長春宴　　　　　崔處長宗培

　　　　許處長文國　　　　　吳處長中林

　　　　陳會計長秉炎

主　席　王副主任委員樹翰

紀　錄　楊仲揆

甲、報告事項

乙、討論事項

一、兼主任委員交議資委會東北辦事處呈請自元月一日
　　起調整煤價並以食物對換案應如何辦理請討論案。
　　據工商處簽呈稱「奉交資委會東北辦事處呈以糧
　　價、工價高漲，產煤成本激增，請自本年一月一日
　　起各礦售煤一律以糧食交換，以挽危局而利生產等

情，查該處所稱目前種種困難問題確屬實情，各礦曩在日人經營時期，每噸煤價至少約合高粱米一百斤之代價，不特大量生產，且機器新、電力足，現在各礦迭遭共匪侵擾摧殘，直接間接蒙受損失奇重，且交通阻塞，糧款兩缺，材料、電力無術補充，以致今日產煤效率實遠不如昔，其成本因而超過甚鉅，虧累不堪維持，艱困瀕於絕境，際茲戡亂建國時期，煤之供應實與軍事具有同等重要性，對於撫順、阜新等礦目前如不積極設法挽救，一旦煤源斷絕，鐵路、軍運、交通、電力與夫輕重工業勢必即時隨之停頓，關係戡亂工作至重且鉅，故對各礦目前危機亟須及時予以救濟，俾利生產，庶與軍事配合，而期早日完成戡亂建國大計，據請調整各礦煤價實有必要，經核原呈所擬補救辦法，以第一項較為切合實際需要，擬准自本年一月份起每噸煤以半數換高粱米五十斤，其餘辦數按核定價格付現，計撫順礦每噸換高粱米五十斤、付現十四萬元，阜新礦每噸換高粱米五十斤、付現十三萬三千元，以利資金週轉而維生產，所擬是否有當，恭請鑒核示遵」等情，應如何辦理，敬請公決。

決議：推高常委召集資委會謝處長、物調會楊主任委員及工商處杜處長審查提會。

二、兼主任委員交議據交通處案呈遼寧郵政管理局奉郵政總局通電自一月一日起調整航空郵費請準備案等情如何辦理請討論案。

據交通部簽呈稱「奉交遼寧郵政管理局代電略稱奉
交通部郵政總局通電飭自三十七年一月一日起調整
國內航空郵費，每重廿公分收國幣二千元等因，上
項資費經按一比二‧五折合，信函航空費每重廿公
分或其畸零之數為東北流通券一七〇元，明信片航
空費除照付普通資費外，單明信片另加一七〇元，
雙明信片另加三四〇元，已分行各局遵照辦理，
再航空郵費須交航運機關作為運費，此次增加之數
及作為增加航郵運費支付合併陳明，理合電請鑒核
備案等由，查航空郵費為航空信件空運運費，過去
係隨航空運價調整，此次空運運費加價，航空郵費
亦應隨之增加，且郵資價目全國一律，此次通盤調
整，東北區不便例外，該局既已遵照於元月一日通
飭各分局實行據請備案一節，擬予照准，是否有
當，謹請鑒核」等情，敬請公決。

決議：照辦。

三、兼主任委員交議據財務政務兩處簽請核撥吉林省補
助經費案是否可行請討論案。

據財務等處簽呈稱「奉交吉林省政府及該省參議會
迭電，以該省自共匪五、六兩次攻勢以來，所轄
縣市鄉鎮已大部淪陷匪手，即現在固守之少數縣市
集鎮亦經常在奸匪困擾中，因之為該省大部收入之
田賦已不能開徵，稅源完全斷絕，財政困難已達極
點，公教人員待遇雖經八月、十月兩次調整，惟以
省庫奇絀無力實施，即各員工之十、十一月份俸薪

迄未能發放，現在物價暴漲無已，際茲嚴冬飢寒交迫之際，實難維持，影響政務推進至鉅，懇請俯察本府實際困難及體恤第一線員工之艱苦，賜准將八月、十月兩次調整員工不敷經費如數撥補，又各縣市公教人員維持救濟等費併乞一併賜撥，以利政務等情，正核辦間復奉羅副主任及本會全體委員會議交下該省梁主席簽請撥發經費各案飭核辦等因，茲併案核擬如左：

請求事項及內容	本處核擬意見及辦法
一、吉林永久國防工事費 　1. 係奉戰地視察羅組長轉奉主席蔣面諭飭辦，預計工事費三二六、二九〇、六九〇元。 　2. 所需工事費除奉撥一億元外，餘款仍請撥發以清民欠，又請另撥共匪六次攻勢被燬工事修復費三億元，兩共五億二千餘萬元。	1. 原案係由工兵指揮部所主辦，其經過情形本處均不詳，無法審核，已移請該部逕行簽辦。 2. 卷查先後四次遵批共撥三億元（老爺嶺一億元在內）。
二、哈達灣飛機場跑道工程費 　1. 先後兩次共請撥發四億壹千七百五十八萬六千元，編列預算呈奉核定為三億九千萬元。 　2. 除已奉撥二億元外，餘一億九千萬元請賜撥以便清償各包商欠款。	1. 原案係由行轅第四處所主辦，已移請該處逕行簽辦。 2. 卷查先後兩次遵批共撥參億元。
三、突擊隊與吉市警察服裝費 　1. 突擊隊部份 　　1. 嚴冬驟寒，官兵冬服無著，前由參議會向本市各商暫借布料先行製發，共欠工料費四億餘元。 　　2. 請撥冬服費三億元以償積欠。 　2. 吉市警察冬服費 　　1. 省會警局員警一〇二五名，以省庫無款，冬服無著，值此嚴冬晝夜出勤佈崗，需用迫切。 　　2. 請撥冬服費壹億九千九百萬元以便趕製。	1. 突擊隊部份 　查該隊已飭編為保安旅，所需服裝費現正按國軍服裝補給規定與有關單位洽辦補給。 2. 吉市警察冬服費 　查該省會警察局係由吉林市警察局改組而成，事前未經呈准，據報已逕呈內政部核示，飭將組織編制呈核在案，所需服裝費在未奉准改組為省會警局以前，仍應由該吉林市自籌製發，本會擬不予補助。

請求事項及內容	本處核擬意見及辦法
四、公教人員補助費 　1. 共匪六次攻勢以來稅原斷絕，田賦不能開徵，對公教人員待遇雖迭經調整，惟以庫空如洗，無力實施。 　2. 　1. 生活費一項月需二億元餘，請撥八、九、十、三個月待遇調整不敷經費每月四千六百貳十七萬元，共壹億三千百八十萬元。 　2. 本省補助費原奉准月撥一億四千萬元，現以收入毫無，尤以軍事時期支出浩繁，請自十月份起增為參億元。 　3. 請自十月份起按月增撥五億九千三百七十七萬餘元。	1. 查該省所轄縣市除吉、長兩市及少數城鎮外，已大部分被匪陷據，所稱田賦不能開徵，稅源斷絕收入毫無，公教人員待遇無力調整等情，尚屬實在。 2. 中央於五月份調整公教人員待遇時，對於各省因調整待遇所增加之支出曾有由中央專案補助之提示。 3. 基於一、二兩項緣由，擬對所請撥補各費核擬如左： 對於八月份調整待遇所支之經費為數無多（僅每人增基本數法幣十萬元），並已按月墊有經費，擬飭自籌不另增撥。對於十月份待遇調整後依照所呈附表所列每月應支生活補助費共為五億五千貳百餘萬元，但其中所列省會警察局係由吉林市警察局改組而成，尚未呈准設立，長春防疫所未據呈報有案，交通管理局已飭緩設，均應剔除不計，每月實支生活補助費應為四億五千五百四十八萬餘元，除本會已先後核准自十月份起至十二月份止按月墊撥貳億四千萬元外，尚不足貳億壹千五百餘萬元。再該省自遭共匪六次攻勢以後，田賦既難開徵，稅源又復短少，除員工薪津以外，其他行政支應當亦困難，擬准自十月份起按月再增墊二億六千萬元，計十、十一、十二、三個月共七億八千萬元。 （備考）前經本會核准該省以田賦作抵，自九月起至十一月止，每月向央行透借壹億元，共參億元，限十二月底歸還一案，茲據該省財政廳李汝廣科長來處聲稱此項借款迄未借到，故本簽所擬未予扣除，合併陳明。

請求事項及內容	本處核擬意見及辦法
五、縣市職員生活補助費及救濟 　1. 吉林市因受匪圍城影響，稅收毫無，原撥補助費四百萬元不敷，請自十月份起增撥六百萬元，共壹千萬元以資維持。 　2. 永吉等八縣市因受共匪流竄影響，收入毫無，其被匪陷撥各縣市公教人員多隨軍退集吉、長兩地，衣物散失，飢寒交迫，生活維艱，請各賜撥救濟費壹千萬元，以撫流亡而維生計，俾便待機復員。 本案正簽辦中，茲又據該省梁主席亥電請速撥撤退吉、長兩市公教人員五千餘人維持費到會。	1. 吉林市補助費 　查該吉林市屢經奸匪困擾，所稱稅收毫無尚屬實情，前曾核准按月補助四百萬元，自一月份起即本停止，已予繼續照發，擬再一次補助五百萬元，俾資維持。 2. 各縣市公教人員救濟費 　查該省所轄縣市已大部被匪陷據，對於公教人員之救濟尚屬需要，擬准一次撥發救濟費壹千萬元，交由該府統籌救濟，仍將辦理情形報查。
六、孔憲榮部隊整編一個團經費 　1. 已遵令編組為一個團竣事。 　2. 請撥十、十一月份經費各三千〇九十九萬二千四百八十九元及主副食費，以及十二月份經費迅賜撥發。	查該團已併編該省保安旅內，所需經臨、糧服等費已按照規定編制另案簽請撥發中。
七、購儲民食貸款 　1. 因受奸匪茲擾，各地民眾多集居省垣，食糧存儲無多，需用日增，故購儲民食實為當務之急。 　2. 請撥七億元糧貸以資搶購存儲備用（原已奉准貸借參億元）。	查該省籌購民食貸款已准撥參億元用作搶購民食資金之用，並飭其隨時價配公教人員及人民將收回價款再行購儲展轉流用在案，就該省現況而言，似尚需要，擬准再借三億元以資因應，嚴令切實用以購糧，不得移作別用，並飭於情況好轉時即行歸還。
八、卅七年度一、二、三月份取暖費 　1. 以本省現在情形觀之，田賦已不能開徵，卅七年轉瞬即屆，請提前撥發。 　2. 請按月撥發取暖費二億元。	查該省卅六年十一、十二兩月份冬煤費已准撥壹億五千萬元，並飭以後不得再借在案，現該省田賦已不能開徵，所請不無困難，擬姑准一次墊撥貳億元，以後不得再借。

以上所擬，是否有當，謹請核示」等情，敬請公決。

決議：照辦。

四、兼主任委員交議遼寧省徐主席呈擬收購餘糧實施辦
　　法草案是否可行請討論案。

收購餘糧實施辦法草案

一、收購餘糧暫定為高粱、大豆、穀子、稻子、粳米
　　五種。

二、收購餘糧除左列各項外，所有境內公私田地本季所
　　收各種糧食均應儘量收購。

　　（一）種籽：按需要量加二分之一保留之。

　　（二）食糧：按戶每人每日按米二十五兩、豆三
　　　　　兩，全年以三百六十五日計算保留之。

　　（三）田賦：照田賦徵實數繳納。

　　（四）騾馬食料：每匹每日按高粱米四斤，全年以
　　　　　三百六十五日計算保留之。

　　（五）傭工工資：每三十畝雇工一名，每月每名按
　　　　　高粱一百五十斤計算保留之。

三、各戶餘糧售出後，各縣市政府應列表公告並呈報省
　　政府備查。

四、收購之餘糧由鄉鎮長負責集中送至縣城倉庫，其轉
　　運力資依徵實再度集中費支給標準付給之。

五、糧戶送糧隨送隨收並照議價付款議價辦法如左：

　　（一）自奉令之日起四十五日內購竣，每十五日議
　　　　　價一次；

　　（二）第一期照當地市價加一成議訂；

　　（三）第二期照第一期市價議訂；

　　（四）第三期照第一期市價減一成議訂。

六、糧戶確有餘糧抗不認購或囤積走私者，按照非常時

期違反糧食管理治罪暫行條例從嚴懲處。

七、糧戶為公務人員文職薦任以上，武職少校以上，以及省市縣參議會參議員，各級黨部委員，青年團幹事以上人員，抗不認購者，除依照非常時期違反糧食管理治罪暫行條例從嚴懲處外，一律撤免其職務。

八、收購人員如有查報不實，藉端敲詐，從中舞弊，或對於確無餘糧之戶強事攤派者，一經查實，依法嚴辦。

九、糧戶如能按額獻糧或匪區糧戶運糧應購以及收購人員辦事認真成績卓著者，應從優獎勵。

十、在收購餘糧期中嚴禁任何機關及私人購買糧食。

十一、本辦法由東北行轅核定公佈施行。

決議：現值軍事時期，為免滋紛擾計，本辦法宜暫緩施行，仍令該省政府督飭所屬切實勸導人民將餘糧運存城市，以免資匪。

五、兼主任委員交議據留駐長春市黨團同志電請設法收容訓練等情如何辦理請討論案。

據留駐長春黨團部十八單位亥世會電稱「查長春市近由匪區逃來黨團同志甚多，其中半為各縣公教人員，頃以困座孤城無所事事，切以行憲開始，戡亂建國工作應行改進之處正多，咸願在此期間得受訓機會，俾將來為鈞座收復各地時之前驅，並擬援瀋陽之例在長春立一訓練機構，或為中央訓練團東北分團長春訓練班，或為政工幹部訓練班，收容黨團

同志及公教人員，藉訓練機會堅定其思想，加強其
對主義之認識，並增進其技能之修養，謹獻蒭議，
電請採擇施行為禱」等情，如何辦理，敬請公決。
決議：交政治訓練委員會核辦。

丙、散會

東北行轅政務委員會
第二十六次常務委員會議紀錄

時　間　三十七年一月十三日上午九時

地　點　瀋陽本會三樓會議廳

出席人　王副主任委員樹翰　　高常務委員惜冰

　　　　王常務委員家楨　　　馮常務委員庸

　　　　朱常務委員懷冰

列席人　吳主任委員煥章　　劉主任慕曾

　　　　徐處長鼎　　　　　甯處長嘉風

　　　　王副處長天民　　　杜處長春宴

　　　　崔處長宗培　　　　許處長文國

　　　　吳處長中林　　　　陳會計長秉炎

主　席　王副主任委員樹翰

紀　錄　楊仲揆

甲、報告事項

（略）

乙、討論事項

一、兼主任委員交議據財務會計兩處簽擬各機關編餘
　　人員支發薪俸及政工隊預算編制辦法是否可行請
　　討論案。

　　據財務、會計兩處會簽稱「關於前政經兩委會及附
　　屬機構編餘人員如何安置、如何支薪一案，前經
　　提請第十五次常務委員會議決，各該編餘人員所支
　　薪俸可編入政工隊預算等因，至預算編制辦法並經

本會政務處邀集有關各處室座談會議商定，自十二月份起由本會編制預算等語各紀錄在卷，茲查各機關結束日期及結束情形均有不同，有已結束仍撥經費者（如前政經兩委會），有結束後即停發經費者（如合作事務局及農耕曳引機管理所等），有該機關改組或合併而所轄單位結束並停發經費者（如統委會所屬農務委員會及留用日籍技術員工管理處所屬長春分處鐵西辦事處），各該已結束停發經費機關編餘人員薪俸有已數月未領者（農委會薪俸自十月起停發），值此物價高漲之際，生活困窘達於極點，政工隊迄未成立，如俟成立後再行編製預算發薪，輾轉稽時恐將無法維持各人生活，且各機關結束日期先後不同，如一律由十二月份起編製預算，其以前各月份薪俸（結束後）如何開支仍屬問題，政工隊目前既未成立，如提前由十二月份起編亦屬不符實際，且預算跨兩個年度，於會計、財務上之處理亦諸多困難，又各機關所屬各地分支機構現時限於交通（如吉、長等地）不能來瀋受訓者亦多，似亦應設法安置以昭公允，茲為體念編餘職員困苦，並解決預算編製困難，易於統籌辦理起見，敬擬具辦法如左：

一、瀋陽各機關編入政工隊人員在政工隊未成立前薪俸一律按原職原薪發至卅六年十二月底止，由各該原機關將名冊核實造報（由各機關長官及主辦會計人事人員負責證明該員現確在瀋並未另在其他機關任職），其已撥有經費者即在

原領經費項下開支，其未撥經費者由本會撥所
報薪俸名冊核實撥由各該原機關轉發。

二、瀋陽以外地區不能參加本轅及各省府政工隊
者，照中央規定標準由各機關酌量經濟情形給
資遣散。

三、前項費用核由各該原機關列入結束費預算併入
該機關原報卅六年度預算內，一併報請核銷。

四、本會政工隊預算自本年一月份起編造。」

該處等所擬是否可行，敬請公決。

決議：修正通過：原辦法第二項改為「瀋陽以外地區編
餘人員因交通阻斷不能參加本行轅及各省政府
政工隊經各該主管機關證明並經查明屬實者，
得准緩至第二期受訓，其餘照中央規定標準由
各機關酌量經濟情形給資遣散」。

二、兼主任委員交議據文化處擬具東北青年中學改組辦
法是否可行請討論案。

據文化處簽呈稱「查東北青年中學隸屬問題業經奉
准由所在地省市政府辦理在案，茲擬具各該校改組
辦法如左：

東北青年中學改組辦法

一、松北聯立中學六校現在長春，擬歸併為五校，改稱
東北第一、二、三、四、五青年中學，交由長春市
政府辦理。

安東省立臨時中學二校均在瀋陽，擬歸併為一校，
改組為東北第六青年中學，交由瀋陽市政府接辦。

遼寧省立臨時中學二校分設於撫順、鞍山，擬改組為東北第七、八青年中學，仍由遼寧省政府續辦。興安省蒙旗中學因性質特殊，擬改稱東北蒙旗青年中學，仍由興安省政府辦理。

二、各該校之交接手續擬另飭遵照『東北匪區青年招致及教育工作改進方案』辦理，並於青年招訓隊調訓前責由上項所指定之省市政府對於學生切實負責管理。

三、各青年中學一律試行計劃教育，其教育計劃及經費由各該省市政府擬具呈核，至所需費用在未奉行政院核定前完全由本會墊撥。

四、松北聯立中學數度電稱師生已斷炊，請迅撥六億元濟急等情，且長春市政府在接收期間亦需相當費用，擬即墊撥五億元發交長春市政府統籌辦理，以資接濟。

安東省臨時中學元月份經費擬墊撥一億元，發交瀋陽市政府辦理。

遼寧省臨時中學擬墊撥一億元，發交遼寧省政府辦理。

興安省蒙旗中學擬墊撥五千萬元，發交興安省政府辦理。

上列各校墊款俟各該校改組藏事經費核定後扣還歸墊。」

該處所擬是否可行，敬請公決。

決議：交文化、會計、財務三處會同審查，由文化處召集。

三、兼主任委員交議據物調會及國際運輸公司請對物調
　　會配發煤炭統由國際運輸公司負責運送並請禁止其
　　他車輛入場裝運案如何辦理請討論案。

　　　據交通處簽呈稱「奉交物調會及國際運輸公司呈請
　　　所有以後該會配給煤炭市內運輸統由該公司負責承
　　　運並收取管理費 5% 等語，查所請各有優劣，謹臚
　　　陳如後：

　　　一、優點

　　　　　1. 運送途中不致有偷漏掉換情事，用戶毋須
　　　　　　 自行押運；

　　　　　2. 同一時期運費劃一；

　　　　　3. 車輛集中管理，煤場內可較有秩序。

　　　二、劣點

　　　　　1. 壟斷統制，影響一般馬車、汽車之營業；

　　　　　2. 抽取管理費用增加用戶負擔，且運價隨時
　　　　　　 調整並不低廉。

　　　綜上數點究應如何辦理之處，理合簽請核示」等
　　　情，應如何辦理，敬請公決。

決議：交通處查明呈核。

四、兼主任委員交議據遼寧省徐主席呈擬收購餘糧實施
　　辦法草案是否可行請討論案。

收購餘糧實施辦法草案

一、收購餘糧暫定為高粱、大豆、穀子、稻子、粳米
　　五種。

二、收購餘糧除左列各項外，所有境內公私田地本季所

收各種糧食均應儘量收購。

（一）種籽：按需要量加二分之一保留之。

（二）食糧：按戶每人每日按米二十五兩、豆三兩，全年以三百六十五日計算保留之。

（三）田賦：照田賦徵實數繳納。

（四）驛馬食料：每匹每日按高粱米四斤，全年以三百六十五日計算保留之。

（五）備工工資：每三十畝雇工一名，每月每名按高粱一百五十斤計算保留之。

三、各戶餘糧售出後，各縣市政府應列表公告並呈報省政府備查。

四、收購之餘糧由鄉鎮長負責集中送至縣城倉庫，其轉運力資依徵實再度集中費支給標準付給之。

五、糧戶送糧隨送隨收並照議價付款議價辦法如左：

（一）自奉令之日起四十五日內購竣，每十五日議價一次；

（二）第一期照當地市價加一成議訂；

（三）第二期照第一期市價議訂；

（四）第三期照第一期市價減一成議訂。

六、糧戶確有餘糧抗不認購或囤積走私者，按照非常時期違反糧食管理治罪暫行條例從嚴懲處。

七、糧戶為公務人員文職薦任以上，武職少校以上，以及省市縣參議會參議員，各級黨部委員，青年團幹事以上人員，抗不認購者，除依照非常時期違反糧食管理治罪暫行條例從嚴懲處外，一律撤免其職務。

八、收購人員如有查報不實，藉端敲詐，從中舞弊，或
　　對於確無餘糧之戶強事攤派者，一經查實，依法
　　嚴辦。

九、糧戶如能按額獻糧或匪區糧戶運糧應購以及收購人
　　員辦事認真成績卓著者，應從優獎勵。

十、在收購餘糧期中嚴禁任何機關及私人購買糧食。

十一、本辦法由東北行轅核定公佈施行。

決議：修正通過，為期公平不擾而收實效，仍著由遼
　　　寧省政府對該辦法實施之宣傳、勸導、督導、
　　　調查、評議、起購標準、徵購手續、比價付
　　　款、集中等項細則詳擬呈會。

丙、散會

東北行轅政務委員會
第二十七次常務委員會議紀錄

時　　間　三十七年一月十五日上午十時
地　　點　瀋陽本會主任委員室
出席人　王副主任委員樹翰　　高常委惜冰
　　　　　王常委家楨　　　　馮常委庸
　　　　　朱常委懷冰
列席人　劉主任慕曾　　甯處長嘉風
　　　　　杜處長春宴
主　　席　王副主任委員樹翰
紀　　錄　楊仲揆

甲、報告事項
（略）

乙、討論事項
一、兼主任委員交議東北行轅糧食委員會組織規程應予
　　修訂請再討論案。
決議：修正通過。

丙、散會

東北行轅政務委員會
第二十八次常務委員會議紀錄

時　間　三十七年一月十七日上午九時

地　點　瀋陽本會三樓會議廳

出席人　王副主任委員樹翰　　高常務委員惜冰

　　　　王常務委員家楨　　　馮常務委員庸

　　　　朱常務委員懷冰

列席人　行轅彭秘書長濟羣　　吳主任委員煥章

　　　　吳主任委員瀚濤　　　劉主任慕曾

　　　　張副處長祖德　　　　徐處長鼏

　　　　甯處長嘉風　　　　　王副處長天民

　　　　杜處長春宴　　　　　崔處長宗培

　　　　許處長文國　　　　　李副處長承驤

　　　　陳會計長秉炎

主　席　王副主任委員樹翰

紀　錄　楊仲揆　斐定遠

甲、報告事項

一、據政治訓練委員會擬訂「東北各省市縣旗難民訓練
　　綱要」呈奉兼主任委員核准施行，謹抄附綱要一份
　　報請備查。

二、據政務處簽呈遣送貧苦無業韓僑情形報請備查。

乙、討論事項

一、兼主任委員交議據農田水利處重擬東北森林管理規
　　則草案一種是否可行請討論案。

據農田水利處簽呈稱「查前經濟委員會制定之東北森林採伐暫行辦法，以手續煩冗，實施困難，經第二十二次常務委員會議決由農田水利處及木材採購委員會另擬辦法，茲經本處擬定東北森林管理規則草案一種，並於本月十二日召集木材採購委員會及各省市商討修正蔵事，特檢同該規則草案一份審查後公佈施行」等情，如何辦理，敬請公決。

東北森林管理規則草案

第一條　東北森林之管理除法令另有規定外，依本規則辦理之。

第二條　森林主管機關在東北區為東北行轅政務委員會（以下簡稱本會），省為建設廳，市為工務局，縣（市）（旗）為縣（市）（旗）政府。

第三條　各縣（市）（旗）政府應督飭當地警察會同鄉鎮保甲保護轄境內所有森林，如發現有摧毀盜伐等情事，應即呈請主管機關依照森林法第九條罰則之規定處罰之。

各地駐軍亦應負保護防區內森林之責，倘發現有摧毀盜伐情事，應即通知森林主管機關法辦，森林主管機關並得對境內駐軍協力保護森林實情層轉本會轉請東北行轅予以嘉獎。

第四條　各地森林倘發生火災蟲害及其他災害時，地方政府及駐軍均應督飭及協助人民迅予撲滅驅逐，或實施其他救護工作。

前項有功人員森林主管機關得將有功事實層轉本會，或由本會轉請東北行轅予以嘉獎。

第五條　機關團體或人民申請採伐國有或公私有林木
　　　　時，應檢同左列書表證明呈請本會核發許可
　　　　證，許可證格式另定之。
　　　　申請採伐國有林木者：
　　　　一、伐木申請書（附單價計算書）
　　　　二、林區詳圖
　　　　三、施業計劃書
　　　　四、省市政府審核意見書
　　　　五、保證書
　　　　申請採伐公私有林木者：
　　　　一、伐木申請書（附單價計算書）
　　　　二、林區詳圖
　　　　三、森林執照
　　　　四、鄉保長證明書
　　　　五、林地四鄰證明書
　　　　六、雙方買賣契約（自有林地免交）
　　　　七、保證書
　　　　前項書表格式另定之。
　　　　但為爭取時間，解決木荒，其申請採伐公私有
　　　　林者得由本會指定省市政府代發轄境內許可
　　　　證，各該省市政府並應按月將核發許可證情形
　　　　列表報請本會核備，其表式另定之。
第六條　採伐林木時應注意左列各項：
　　　　一、採伐國有林時不得採用皆伐作業；
　　　　二、伐木所用工具必須斧鋸並用；
　　　　三、伐木時必須選擇損害最少之方向倒樹；

四、伐木人對林內之幼苗及萌芽性根株必須加
以保護，非經許可不得掘林木根株，並任
意收集落葉及林內土石。

第七條　依第五條之規定，本會或經指定之省市政府於
收到申請書表證明應即派員查核或列表責令該
管縣（市）（旗）政府代為查核無訛後始得
發給許可證，但必要時得先發許可證再補行查
核，如發現與原申請不符時得撤消所發許可證。

第八條　本會或依第五條之規定代發許可證之省市政府
應於發給許可證後將採伐人姓名、住址、採伐
地點、採伐數量、木材單價列表通知東北行轅
木材採購委員會，該會得優先價購一部或全部。
前項表式另定之。

第九條　在採伐工作進行時，本會或依第五條規定指定
之省市政府應隨時派員督導或責令縣（市）
（旗）政府代為督導，並代辦加蓋檢尺烙印及
放行烙印，其式樣另定之。

第十條　採伐人應切實遵照督導人員之指示，如發現有
違犯本規則第六條之規定或有濫伐林木情事，
得報請發給許可證機關將摧毀或濫伐之林木予
以沒收，並得處以摧毀或濫伐之林木價款兩倍
以下之罰鍰，或撤銷其許可證，必要時督導人
員得先行勒令停止採伐，但有特殊原因經事先
呈准者不在此限。

第十一條　採伐人於領到許可證後兩個月內不開工採
伐者，除撤銷其許可證外，並處以原定採

　　　　　　　伐木材總價百分之十之罰鍰，但事先呈准
　　　　　　　緩期者不在此限。

第十二條　　採伐人應於採伐期限內將原定採伐木材採伐
　　　　　　　完竣，否則應處以未採伐木材總價百分之十
　　　　　　　之罰鍰，但事先呈准延期者不在此限。

第十三條　　採伐人對伐木區域內預防火災須為有效之
　　　　　　　設備。

第十四條　　林木有左列情事之一者禁止採伐：
　　　　　　　一、凡具有編入保安林之性質者；
　　　　　　　二、生於石山陡坡不易造林之地方者；
　　　　　　　三、未及採伐時期或胸高直徑未滿二十五公
　　　　　　　　　分之幼稚林木（但與施業有關之疏伐或
　　　　　　　　　有特殊情形經呈准者不在此限）；
　　　　　　　四、經森林主管機關點記保留或規定保護
　　　　　　　　　之林木；
　　　　　　　五、胡桃楸等特種林木未經許可者。

第十五條　　採伐國有林應照採伐木材總價徵收百分之
　　　　　　　十五之山價及百分之六之管理費。

第十六條　　國有林採伐人將所伐木材於運至鐵路、公
　　　　　　　路或筏運之起點後，應報請本會派員查驗
　　　　　　　並加蓋檢尺烙印，檢尺烙印式樣另定之。

第十七條　　依第十五條規定徵收之山價及管理費得由
　　　　　　　本會命令該管省市政府代為徵收。
　　　　　　　前項徵收之山價及管理費應專戶存儲留存
　　　　　　　造林護林及改進林業之用，但於動用時仍
　　　　　　　應事先擬具計劃經本會核准後方得動用。

第十八條　國有林採伐人於繳清山價及管理費後應報請本會加蓋放行烙印始准搬運放行，烙印式樣另定之。

第十九條　督導人員執行本規則規定之任務時，地方政府應予協助採伐，完竣時應由督導人或代為督導之縣（市）（旗）政府出具報告，送請發給許可證機關備查，前項報告書格式另定之。

第二十條　本規則自公佈之日施行。

決議：修正通過：「東北森林管理規則」改為「東北森林管理暫行辦法」，第七條「責令該管縣（市）（旗）政府代為查核」改為「令飭該管縣（市）（旗）政府代為查核」

二、兼主任委員交議據蒙旗復員委員會簽呈救濟蒙旗流亡難民工作討論會議紀錄一份請予救濟等情應如何辦理請討論案。

據蒙旗復員委員會簽呈稱：「本會為謀集思廣益以加強協助救濟蒙旗流亡難民工作，曾於三十六年十二月二十五日假本會會址邀集在瀋有關機關團體舉行討論會議，商討各項救濟辦法，茲隨簽賫呈會議紀錄一份，敬祈採擇施行」等情，應如何辦理，敬請公決。（附記錄乙份）

決議：推朱常委、王常委、高常委、馮常委會同審查，請吳主任委員及政務、財務、文化三處處長列席並由朱常委召集。

協助救濟蒙旗流亡難民工作討論會議紀錄

時　　間：三十六年十二月二十五日下午二時

地　　點：南京街蒙旗復員委員會二樓

出席人員：達克丹彭蘇克（卓盟盟長）

　　　　　沁布多爾濟（卓盟副盟長）

　　　　　金崇偉（遼蒙黨部主任特派員）

　　　　　吾爾格朗（蒙委會副主委）

　　　　　黃永元（政務處第四科長）

　　　　　鍾呂恩（興安省政府秘書）

　　　　　策仁（昭盟政府秘書）

　　　　　關陰南（哲盟政府辦事處長）

　　　　　曹劍潭（蒙委員委員兼科左前旗旗長）

　　　　　丁我愚（東北蒙旗復員協進會常務理事）

　　　　　鮑國民（蒙旗聯防指揮部代表）

　　　　　蘇崇阿（卓盟政府政務處長）

　　　　　劉桐軒（蒙古旅瀋同鄉會常務理事）

主　　席　吳煥章

記　　錄　阿穆恩和

討論要目

原則：依據現行法令研討如何加強協助救濟蒙旗流亡難
　　　民各項辦法。

　　　（一）協助難民登記之機關團體

　　　（二）難民登記辦法

　　　　　　1. 難民登記之表式

　　　　　　2. 難民登記之期限

　　　　　　3. 難民登記表之分送

　　　　4. 難民編組
　　　（三）難民救濟辦法
　　　　1. 發放賑款－普通賑款
　　　　　　　　　－專賑
　　　　2. 學生保送入學
　　　　3. 失業之軍政人員使之就業
　　　　4. 獨身壯丁編入本旗保安隊
　　　　5. 以工代賑
　　　　6. 難民之住所
　　　（四）其他

決議事項

一、以蒙旗情形特殊，擬由有關蒙旗機關團體聯合成立
　　「東北蒙旗難胞福利輔導委員會」，以加強協助難
　　民救濟工作。

二、最近政委會擬訂之「東北各省市縣旗難民救濟實施
　　辦法」第三、六、十二等條，凡有省市縣等字句者
　　均應加入盟旗兩字，擬呈請政務委員會予以修正。

三、在專設輔導救濟機構未成立以前，凡瀋陽流亡蒙旗
　　難胞均由哲里木盟政府辦事處及蒙古旅瀋同鄉會予
　　以登記，編造名冊分送蒙旗復員委員會及瀋陽市政
　　府，以備救濟蒙旗難胞之參考，至登記辦法由蒙旗
　　復員委員會擬定頒行。
　　錦州市蒙旗難胞分別由昭、卓兩盟盟政府辦理登記
　　事宜，應將難胞名冊分送錦州市政府及蒙旗復員委
　　員會備查。
　　至義縣、彰武、四平、長春等地流亡蒙旗難胞，如

就地有流亡，旗政府分別辦理所屬流亡旗民登記事宜，並照前項辦法辦理，如就地無流亡旗政府者，則由流亡難胞共組同鄉會，依法立案後辦理之。

四、救濟辦法

1. 除普通賑款外，擬呈請政務委員會撥發蒙旗救濟專款。

2. 失學之青年分由蒙旗復員委員會及教育部遼北蒙旗教育復員委員會保送介紹入學，並擬呈請教育部成立瀋陽蒙旗師範一所，以資蒙生就讀而培養蒙旗師資。

3. 失業之軍政人員應速予以收訓後使之就業，擬呈請政委會專設蒙旗青年訓練機構以資收容訓練。

4. 流亡獨身壯丁擬請編入各該旗政府之保安隊，惟保安隊經費及裝備應予加強。

5. 以工代賑，擬呈請政委會撥發專款，分在瀋陽、錦州成立蒙旗難胞工廠兩處。

6. 擬請各地政府撥給當地蒙古同鄉會房舍，藉資臨時收容流亡蒙旗難胞。

五、散會

三、兼主任委員交議韓僑產業獎勵會擬赴上海等地採購大米防韓農明春糧荒呈請本會核發購運證明案是否可行請討論案。

據工商處簽呈稱「奉交行轅韓僑事務處代電以韓僑產業獎勵金鑑於目下東北糧食問題嚴重，擬赴上海採購大米五百萬斤，以防明春韓農食糧匱乏，轉請

本會核發證明，以便購運等情，查東北目前急需糧
食進口，本會亦正鼓勵南糧北運，該會赴滬購糧一
案應否發給證明，及由本會電請南京糧食部准予轉
口之處，敬乞核示」等情，是否可行，敬請公決。
決議：交工商處查明該會實情呈核。

四、兼主任委員交議工商等處重擬「商貨出入調節暫行
辦法」、「輸出商貨檢查暫行辦法」及「違反許可
輸出檢扣物資處理暫行辦法」草案各一種是否可行
請再討論案。
奉交工商處簽擬之商貨出入調節暫行辦法、輸出商
貨檢查暫行辦法及違反許可輸出檢扣物資處理暫行
辦法草案各一種，業經會同審查完畢，謹將經審查
修正後之各該項辦法草案各一種，提請公決。

審查人　財務處
秘書處
工商處

審查修正案

商貨出入調節辦法（附輸出物品類別表）

第一條　東北行轅政務委員會為調節東北物資以安定民
生及輔助工礦復工起見，依照動員戡亂完成憲
政實施綱要第六條之規定，訂定本辦法。
第二條　本辦法適用於東北對國內其他各地貿易。
第三條　輸出品分下列三種：
一、許可輸出類；
二、禁止輸出類；

三、自由輸出類。

第四條　凡未列入許可輸出類及禁止輸出類之物品，均可自由輸出，不必申請許可。

第五條　許可輸出類及禁止輸出類，其品目隨時公佈之。

第六條　許可輸出類及禁止輸出類物品，須填具許可輸出申請書或特許輸出申請書，呈經本會核准後始得辦理托運輸出。

第七條　許可輸出類其價值在流通券五十萬元或重量在五十公斤以上者，於輸出前須呈繳運來東北同等價值之紗布或麵粉、大米、雜糧、火油、汽油、白報紙、麻袋等物質之運單、發票及稅票或憑單始得向本會辦理申請許可手續，但國營及民營工廠為自產品申請輸出，經准免易貨或物資調節機構輸出物品須於事後統籌易貨者，不在此限。

第八條　前條所列紗布、麵粉、大米、雜糧、火油、汽油、白報紙、麻袋及其他經本會獎勵輸入之物品所辦購運證明書得申請發給之。

第九條　禁止輸出類因公營機關之需要或其他正式民營工廠確因製造需要並經殷實舖保保證不作販賣或囤積之用者，得呈經本會特許後辦理托運輸出。

第十條　各種商貨在東北收復區內一律自由運輸，惟屬於許可輸出類及禁止輸出類物品西運者，僅限制錦州為止，但所在地在錦州以西而未出東北境內之國營工廠、交通機關或軍事補給機構運

　　　　輸、自由器材、原料及燃料或軍需品者得憑各
　　　　該機構證明文件繳驗放行。
第十一條　本辦法自公佈日起施行。

附輸出物品類別表

一、許可輸出類
　　　馬口鐵、剪口鐵、薄鐵皮、薄鋼皮、元鋼、元鐵、
　　　盤元、八角鋼、六角鋼、彈簧鋼、特製鋼、糟鋼、
　　　工具鋼、三角鐵、工字鐵、丁字鐵、水流鐵、鐵管
　　　（一寸及一寸五者禁止輸出）、鋼管、鉛絲、鐵
　　　絲、鋼絲繩、輕鐵軌。

二、禁止輸出類
　　1. 非鐵金屬類
　　　　鉛塊、鉛板、其他原料鉛、剛金（耐磨合金）、
　　　　銅塊、活字合金、錫塊、攙錫、錫管、鎳、
　　　　鉑、銻、白銅、鋅粉、鋅板、鉛條、鉛片、鉛
　　　　塊、各種銅絲、銅板、銅管、廢銅。
　　2. 鋼鐵類
　　　　氧氣瓶、空鐵筒、鋼板、鐵板。
　　3. 機械工具類
　　　　發電機、電動機、球軸承、砒刀、各種工作
　　　　母機。
　　4. 電工器材類
　　　　所有電力、電燈、電訊及無線電用裝置及材料
　　　　一律禁止輸出。
　　5. 化工材料類
　　　　電石、硝酸、鉻鹽類、鉭鹽類、黃磷、赤磷、

氯酸鉀、火硝、三硫化銻、各種化學肥料、炸藥、顏料、染料、硫磺、煤焦油蒸溜產品（包括苯、萘、石碳酸等）生膠、膠皮帶、車胎、木漿、新聞用紙。

6. 農產類

高粱、粟、小麥、水稻、陸稻、棉花、木棉、青麻、大麻、亞麻、美種煙草、高粱米、小米、麵粉、大米。

7. 畜產類

粗毛皮（山羊、綿羊、貓、兔、狗）、皮革。

8. 林產類

傢俱及車船用木材、電桿、建築用木材、枕木、坑木（楊柳木直徑在二十公分以內，長度在一公尺五以內者，可自由輸出）。

9. 礦產類

各種礦砂及煤炭。

10. 大豆及水銀及苦味酸另案辦理。

輸出商貨檢查辦法草案

第一條　東北行轅政務委員會（以下簡稱本會）為防止商貨出入調節辦法所規定之「許可輸出類」及「禁止輸出類」之各種物資（以下簡稱商貨）私運東北境外起見，特訂定本辦法。

第二條　輸出商貨檢查事宜由本會指定之檢查機關派員於必要地點辦理之。

第三條　「許可輸出」類及「禁止輸出」類之商貨起運時應持同本會核發之「許可輸出申請書」或

「特許輸出申請書」三份，送由起運地點檢查機關查驗，一份存檢查機關，一份由檢查機關寄呈本會，一份由檢查機關加蓋「驗訖」戳後交還貨主隨貨出境。

第四條　檢查機關應驗明輸出商貨品類數量與本會核發之「許可輸出申請書」或「特許輸出申請書」所載相符及核准印鑑無訛後方能放行。

第五條　檢查機關如察覺輸出商貨內容不符，或私運「許可輸出」類「禁止輸出」類商貨時應予檢扣，並於二日內報請本會處理。

第六條　檢查輸出商貨時應以不妨礙車船開行之時間為原則。

第七條　海關稅局為稽查稅收應與檢查機關在同一地點辦公及在同時間抽查為原則，以利商運。

第八條　本辦法自公佈之日起施行。

經審查後修正案

違反許可輸出檢扣物資處利辦法草案

第一條　東北行轅政務委員會（以下簡稱本會）為處理違反許可輸出規定被檢扣之各項物資（以下簡稱商貨）特訂定本辦法。

第二條　本辦法內所稱許可輸出物資係指商貨出入調節辦法內規定之許可特許輸出類商貨而言。

第三條　凡經檢扣違反許可輸出規定之各項商貨，除法令另有規定者外，依本辦法處理之。

第四條　領有本會核發之許可輸出申請書於許可範圍以

外摻雜未經列載之他種商貨或超過核定數量企
圖矇混夾運者，其摻雜或超過核定數量部份一
概予以沒收，並由檢查機構報憑本會估售需
用，本項商貨之機關及工廠或經本會核准後予
以變賣，以所得價款百分之二十提充獎金，其
餘百分之八十解交本會繳入國庫，如有須償付
處理該項商貨所需倉儲運雜各費時，得在解繳
數內憑據扣抵。

前項獎金分配方法另定之。

第五條　未領有本會核發之許可輸出申請書或特許輸出
申請書而圖將商貨運往東北境外，經查獲後一
律沒收，按前條後段之規定處理之。

第六條　凡企圖運往匪區經在封鎖邊界查獲或雖領有許
可書而與所請路線相反運輸有走私行為者，無
論何類貨物一律沒收，按本辦法第四條後段之
規定處理之。

第七條　凡違反許可輸出規定之商貨經在火車、汽車、
輪船或飛機運輸途中被查獲時，無論何類貨物
一律沒收，按本辦法第四條後段之規定處理
之，並由檢驗人員查明起運站之負責人員職
名，報由本會通知其主管機關依法究辦。

第八條　本辦法自公佈日起實行。

決議：推高常委、王常委、馮常委會同審查，並請物
調會楊主任委員及工商、交通、財務等處處長
列席，由高常委召集。

五、兼主任委員交議蒙旗復員委員會簽請設立遼蒙、熱
　　蒙兩地區宣撫特派員辦事處等情應如何辦理請再討
　　論案。

　　據蒙旗復員委員會簽呈稱：「本會前曾簽請設立遼
　　蒙、熱蒙兩地區宣撫特派員辦事處及蒙旗幹部訓練
　　班兩項一案，經鈞座提交第二十三次政委會常務委
　　員會議決議『原簽第一項由該會直接派員宣撫，無
　　庸另設機構，第二項交政治訓練委員會統籌辦理』
　　紀錄在卷，除關於蒙旗幹訓班正與政治訓練委員會
　　洽商籌辦外，惟查宣撫蒙胞一節以東北經十四年之
　　淪陷，蒙漢同胞對中央施政與德意至為隔閡，關於
　　光復之初一部偽滿官員以畏罪投機心理醞釀偽東蒙
　　自治組織，嗣後復經共匪扶持利誘，遂與共匪漸形
　　水乳，日趨擴大，伏查蒙胞心理，其欲憑藉赤色勢
　　力以圖民族發展者，固不可謂為絕無其人，然其不
　　明與黨同眠之害者究屬少數青年，至一般蒙胞不敢
　　斷言無一人甘受共匪慘無人道之暴行，其所以演成
　　今日之情勢者，不過為共匪所威脅利誘無以自拔，
　　乃形成共匪對內對外之口實，實際又造成共匪騎兵
　　補充之源泉，值今蒙旗地區大部尚未收復，茲為釜
　　底抽薪倡導蒙胞自揭反共旗幟協助動員戡亂以啟其
　　自新之路而收軍民配合之效，厥以對蒙宣傳、招
　　撫、策反、協助、救濟等項工作均為當務之急，似
　　非專設機構長期辦理不為功，若由本會直接派員宣
　　撫，除主持人員儘量指派本會委員參議兼任外，
　　但工作人員因本會員額有限，無法調用，原定預算

亦不足應此開支，且現存前政委會蒙旗宣撫特派員
辦事處於鈞座蒞任後曾予嘉獎在案，若一併予以裁
撤似有未妥，況原簽請於四平、朝陽分設遼蒙、熱
蒙兩地區宣撫特派員辦事處，實為建立前線堅苦奮
鬥之機構，乃推進收復蒙旗必要之措施，絕非增加
一般駢枝機關可比較，仍擬懇俯督實情，准照原簽
設立遼蒙、熱蒙兩地區宣撫特派員辦事處，以利工
作」等情，應如何辦理，敬請公決。

決議：送請行轅第二處擬具意見送會再議。

六、兼主任委員交議財務處等擬具物調局敵偽產業處
　　理局生產管理局等機構改組綱要草案是否可行請
　　討論案。

　　據財務處等簽呈稱「查前經委會附屬機構存廢及改
　　隸問題，案經第十八次常委會議決統一接收委員
　　會房地產管理局改組為敵偽產業處理局，物調會改
　　為物資調節局，生產局保留，並准主任委員辦公室
　　函由本處會同工商處辦理，經邀集物調會常總務組
　　長、生產局劉處長及統委會房地產局等負責人員洽
　　商，會同工商處擬訂各該機構組織系統草案改組綱
　　要及預算編製辦法如左。

物調局、敵偽產業處理局、生產管理局等機構改組綱要

一、物資調節局

　　原物調會所屬單位及附屬機構係就實際需要陸續增
　　設，其系統職掌頗形漁雜，茲擬歸納為三處（物
　　資、儲運、供應）、兩室（秘書、會計），其附屬

機構：

（一）糧食、煤炭、紗布、木材等供應處歸併於新
設供應處內；

（二）五金保管處及各五金倉庫原係統委會委託該
會代為保管，為劃分權責起見，仍撥遼敵產
處理局；

（三）駐礦託運所及南站交接所所掌運輸事務應由
主管單位派駐專人辦理，勿庸另設機構，擬
併入儲運處內；

（四）其餘各倉庫及貯煤場、貯木場等仍予保留。

二、敵偽產業處理局

敵產處理局設兩處（處理、業務）、兩室（秘書、
會計），分掌原統委會及房地產局，關於敵偽產業
處理保管、標售、租營等事項，統委會原有審議、
估價兩委員會，事實仍屬需要，擬予保留，統委
會、監察處據聞已自動撤銷，故未列入，統委會各
地分會及房地產局各地分局等分支機構經按現時情
形及業務繁簡擬設分局一（長春）、辦事處二（吉
林、遼北）。

三、生產管理局

生產局經按其原有組織歸併為兩處（工務、業
務）、兩室（秘書、會計），原有處理處所掌業務
（處理、保管）與敵偽處理局頗多重複，擬裁併敵
產處理局之內，以一事權，其分支機構按現時情形
需要擬設長春、撫順兩分局，錦州、遼北、遼陽、
蘇家屯四辦事處。

預算編製辦法

各該屬經費預算均自卅七年度一月份起按新組織編報隨將員額編制一併呈核，各該機構一月份經費已領發者，在編人員列入新機構報銷，編餘人員列入該原機關卅六年度經費之內，另編清理費預算報銷。

以上所擬是否有當，簽請核示」等情，應如何辦理，敬請公決。

決議：推朱常委、王常委、馮常委、高常委會同審查，
　　　　並請張局長、楊主委、洪主任秘書及工商、財
　　　　務兩處長參加，由高常委召集。

七、兼主任委員交議據主任委員辦公室簽請確定蒙委會
　　經費預算案如何辦理請討論案。

　　據主任委員辦公室簽呈稱「本會第三次全體委員議
　　張委員振鷺臨時動議『經濟研究會一切費用請均
　　由本會統一辦理』，當經決議『本會內各會經費均
　　併入本會總務處負責辦理，毋庸另辦』紀錄在案，
　　經蒙委會仍盼能予獨立，查前政治委員會蒙委會經
　　費係獨立開支，可否仍准該會經費獨立，政治、經
　　濟、文化三研究會則由本會統一辦理之處，謹簽祈
　　核示」等情，如何辦理，敬請公決。

決議：仍由本會統籌辦理。

丙、臨時動議

一、兼主任委員交議據農田水利處轉呈東北農耕曳引機
　　管理所結束移交案應如何辦理請討論案。

決議：照原簽辦理。

丁、散會

東北行轅政務委員會
第二十九次常務委員會議紀錄

時　間　三十七年一月二十一日上午九時

地　點　瀋陽本會三樓會議廳

出席人　王副主任委員樹翰　　高常務委員惜冰

　　　　王常務委員家楨　　　馮常務委員庸

　　　　鄔常務委員作華　　　朱常務委員懷冰

列席人　行轅彭秘書長濟羣　　張主任委員振鷺

　　　　吳主任委員瀚濤　　　吳主任委員煥章

　　　　劉主任慕曾　　　　　魏處長鑑

　　　　徐處長鼐　　　　　　甯處長嘉風

　　　　王副處長天民　　　　杜處長春宴

　　　　崔處長宗培　　　　　許處長文國

　　　　陳會計長秉炎　　　　吳處長中林

主　席　王副主任委員樹翰

紀　錄　楊仲揆　斐定遠

甲、報告事項

乙、討論事項

一、兼主任委員交議蒙旗復員委員會呈請將偽滿蒙古民
　　有財產撥歸東北蒙旗復員協進會保管案如何辦理請
　　討論案。

　　據蒙旗復員委員會簽呈稱「據東北蒙旗復員協進會
　　本年九月七日瀋復字第三八八號呈稱，竊查偽滿舉

辦之蒙古土地奉上比照蒙人每年應享之租，由偽滿
政府每年予以相等專款，除一部撥作各蒙旗厚生資
金外，餘並集合蒙人私資創設蒙民厚生會、蒙古會
館、青旗報社等，其事業或在長春，或遍及蒙旗，
凡此厚生、文化、福利諸事業均屬蒙古民有財產，
自難與敵偽產業並論，本會旨在協助政府復員蒙
旗，並辦理蒙古社會公益事業，該項民有產業應請
由本會接收辦理，除各淪陷蒙旗之產業俟將來隨時
接收外，其去年由鈞會所接收在長春之蒙古各項房
產請先撥歸本會，以便早日舉辦福利事業而濟流
亡，為此理合具文呈請鑒核施行，實為公便等情，
據此查蒙旗敵偽資產與民間公產業經本會會同東北
敵偽資產事業統一接收委員會簽奉核准，在東北
蒙區未收復前，統由統一接收委員會接管，暫不處
理，至本會保管長春蒙民裕生會房舍財產並經移交
統一接收委員會委託長春市政府代為保管各在案，
該東北蒙旗復員協進會呈請將偽滿蒙古民有財產撥
歸該會，以便辦理社會公益福利事業一節，參照偽
滿辦法亦頗合理，且該會為目前合法蒙旗民眾團體
承受偽滿蒙古民有財產，尚無不妥，可否將所有偽
滿蒙古民有財產房舍先行處理撥交該會之處，理合
簽請鑒核示遵」等情，是否可行，敬請公決。

決議：准撥該會暫行保管利用。

二、兼主任委員交議據第六補給區司令部呈資敵偽軍用
　　土地清理計劃草案一種是否可行請討論案。

　　據第六補給區司令部電呈敵偽軍用土地清理計劃草
案一種，除分呈聯勤總部核示外，電請簽核示遵
等情，經交據政務處簽具意見前來是否可行，抄附
第六補給區司令部清理計劃及政務處審查意見各一
份，敬請公決。

第六補給區司令部接收敵偽軍用土地清理計劃草案

第一條　查敵偽在東北徵收之軍用土地數目繁多，散
　　　　佈甚廣，且多數具有軍用價值，本部接收以
　　　　後，業經分別擬訂利用計劃呈請實施，現以奉
　　　　令清理為適應國防需要，因前項利用計劃尚未
　　　　確定，依照東北實際情形並根據土地法第二一
　　　　三、二一四條之規定及收復地區土地權利清理
　　　　辦法與同辦法東北各省市施行細則訂定本清理
　　　　計劃草案。

第二條　凡本部接收敵偽軍用土地悉依本計劃分別依法
　　　　清理發還或辦理保留徵收手續。

第三條　為期利用接收之東北敵偽軍用土地適應國防需
　　　　要，並參照地方特殊情形免滋紛擾，以期迅速
　　　　完成清理工作起見，擬定原則如下：

　　　　1. 凡敵偽已發價徵收之私有土地，一律視為
　　　　　 營產，依法辦理保留徵收手續。

　　　　2. 凡敵偽沒收強佔之私有土地，未經發價經審
　　　　　 查屬實而無軍事用途者均依法清理發還。

　　　　3. 凡敵偽沒收強佔之私有土地確實未經發價
　　　　　 而在地上增建定著物者，一律依法由原業
　　　　　 主優先交價領回（按照東北統一接收委員會

　　　　　　規定估價辦法估定價格，由原業主洽領，
　　　　　　如原業主無力承購拍賣時，即以估價作為
　　　　　　標底），如原業主無力交價時除依法發還
　　　　　　其土地外，其地上之定著物得拍賣之。
　　　　　　前項地上定著物經拍賣後，承購人得向基
　　　　　　地所有權人協商購買其土地，如協商不能
　　　　　　成立時，承購人對於基地享有地上權。
第四條　　所有接收敵偽軍用土地依左列標準辦理保留徵
　　　　　　收手續：
　　　　　　1. 操場
　　　　　　2. 營房基地及其週邊需要土地
　　　　　　3. 靶場、種牧馬場
　　　　　　4. 演習場
　　　　　　5. 倉庫、營房、醫院等基地
　　　　　　6. 堡壘、城溝、要塞用地
　　　　　　7. 軍事工廠用地
　　　　　　8. 軍事農場用地
　　　　　　9. 兵要地帶
　　　　　　10. 已經敵偽發價徵收及其定著物之土地
第五條　　前二條所規定保留徵收及發還之土地均須有原
　　　　　　業主提出產權證件，確實申明敵偽時期已否發
　　　　　　價，數目分別詳細調查，由本部營產管理所
　　　　　　（分所）會同當地政府主管機關造具清冊呈准
　　　　　　後行之。
第六條　　本計劃如有未盡事宜，得隨時呈請修正之。
第七條　　本計劃自呈准後施行。

審核意見

（一）查院頒地權清理辦法第九條「本辦法所定土地權利之清理由市縣政府執行之，其由敵偽產業處理局接收之土地由該局會同市縣政府清理之」之規定，其由該第六補給區暫行接管者，自應依據院頒地權清理辦法會同市縣政府實施清理，無須另擬辦法，免致錯綜紛歧，使人民罔所適從，如以業務上之實際需要必須另擬具體計劃時，亦須以不違反或抵觸院頒原辦法為原則，該第六補給區所擬之清理計劃既有違立法原旨，其清理程序與執行機關亦多與法不合。

（二）查院頒地權清理辦法第三條前段之規定「凡敵偽組織對於公私有土地所為之處分及其所發給之權利證件一律無效，東北人民在敵偽之暴政下，私有土地被沒收強佔或徵收等之非法處分當然亦屬無效，自應依據院頒清理辦法施行清理發還，以示政府保障民權、體念民生之德意，該第六補給區接管之敵偽軍用土地除九一八事變前原屬中國資產（如瀋陽之北大營及東山咀子等地）及根據條約所構成之前日本附屬地其中有軍事設施之土地有繼續使用之必要者可以視為營產繼續管有使用，在九一八事變後敵偽以強制之手段雖發價款名之為徵收實與沒收並無異趣，似此徵收民地之行為更不能認為合法而有效，該第六補給區所擬清理計劃第三條第一款『敵偽已發價徵收之私有土地一

律視為營產」殊非合法合理之措施，不僅有繼
承敵偽非法處分之行為，更有違反政府之法
令，竊以為該項敵偽軍用土地處理原則：

（1）凡在九一八事變前為國有或公有之軍事設
施，及依據條約而構成之附屬地，其中經敵
偽修建之有關軍用土地可以視為營產繼續管
有使用；

（2）凡在九一八事變後敵偽以強暴之手段取自民
間之私有土地，無論是否充作軍用或有無代
價，一律依法在限期內會同當地縣市政府清
理發還原業主；

（3）凡在國防軍略上必須使用之土地，非但敵偽
發價徵收之土地可以繼續利用，即敵偽強佔
沒收之土地或現在純係民有土地亦不妨徵
用，但未經依法清理補辦合法之徵收手續及
公允合理之補償以前，斷不能一律視為營產
而失政府保障人民權利之意旨。

（三）查土地法第二一三、二一四兩條所稱保留徵收
係謂「就舉辦事業將來所需要之土地，在未需
要以前預為呈請核定公佈其徵收之範圍，並禁
止妨礙徵收之使用」，按條文之解釋並非得省
略徵收手續或對徵收土地不為補償，況在保留
期間似仍須交由原業主使用收益，不過得限制
其使用方法而已，該第六補給區之清理計劃
第一條既稱根據土地法第二一三、二一四兩條
而訂定，保留徵收目前既不需要，應即依法清

理，暫先發還原業主使用收益，一方併應呈請
核定公佈保留徵收之範圍，限制其使用方法，
在此保留時間似不應由需用機關占有收益，招
佃收租。

（四）經敵偽沒收強佔或徵收之私有土地上增建建築物
　　者，在院頒收復區私有土地上敵偽建築物處理辦
　　法已明確規定該第六補給區所擬清理計劃第三條
　　第三款與院頒處理辦法第五條之規定不合。

　　綜觀上述各點，則國防建設應視實際需要為斷，不
能完全因襲敵偽設施繼續使用，假如東北不經淪陷，敵
偽未經殘留軍用土地，則東北之國防建設亦不能稍或漠
視，即重新徵用民地亦勢屬必辦，況敵偽之視為國防重
地，亦未必切合我國國防之需要，不能完全繼承敵偽之
措施，不問是否需要，一律充作營產既不完全利用，復
又招佃收租徒滋紛擾，不僅有違功令，抑且失卻民心，
擬指復該第六補給區「先就國防設備或其他軍事上實際
需要之土地擬具整個計劃，分別申述理由報請核定後補
辦徵收手續，或呈准保留徵收，其餘一律限期會同市縣
政府依法清理發還，所擬接收敵偽軍用土地清理計劃應
毋庸議」。

決議：照審查意見通過。

三、兼主任委員交議政務處核擬瀋陽市立救濟院組織規
　　程及員額編制是否可行請討論案。

　　　據政務處簽呈稱「奉交瀋陽市政府所呈瀋陽市立救
　　濟院組織規程及編制系統等表請鑒核備查一案，查

所列該院及附屬單位全部人員共二百一十人，似嫌冗多，人員配備亦未盡允當，應分別予以緊縮修正，計全部員額為五十五人，是否可行，敬請鑒核示遵」等情，是否可行，敬請公決。附組織規程一份。

瀋陽市立救濟院組織規程

第一條　瀋陽市政府為辦理社會救濟事業，特就本市原同善堂所有財產機構改設瀋陽市立救濟院（以下簡稱本院）。

第二條　本院設院長一人，薦任（得簡任待遇），承市政府之命綜理全院事務，副院長一，薦任（亦得簡任待遇），襄助院長處理院務。

第三條　本院設秘書一人，委任或薦任，承院長及副院長之命處理各項事務。

第四條　本院設左列各科所：

　　　　一、總務科：掌理文書、庶務、出納、人事、典守、印信及其他事項，設科長一人，委任或薦任，科員三人、辦事員一人，均委任，雇員二人。

　　　　二、救濟科：掌理各項救濟計劃執行等事項，設科長一人，委任或薦任，科員三人或四人、辦事員一人，均委任，雇員一人。

　　　　三、保幼所：辦理育兒及保養事項，設所長一人、辦事員三人、教導員三

　　　　　　　　　人，均委任，雇員一人、保母
　　　　　　　　　五至七人雇用。

　　四、殘養所：　辦理救殘及養老事項，設所長
　　　　　　　　　一人、辦事員二人，均委任，
　　　　　　　　　雇員一人。

　　五、技藝所：　辦理各種技藝教習及其他有關
　　　　　　　　　生產事項，設所長一人，委任
　　　　　　　　　或薦任，辦事員三人、技術員
　　　　　　　　　六至十人，均委任，雇員三人。

第五條　本院設會計員及會計佐理員各一人，均委任。

第六條　本院設救濟委員會，由委員九人至十五人組
　　　　成之。
　　　　前項委員由院長就本市熱心救濟事業人士中報
　　　　請市政府聘任之，並就委員中互推一人為主任
　　　　委員，均為無給職。

第七條　本院救濟委員會之職掌如左：
　　　　一、關於救濟方針之決定事項；
　　　　二、關於勸募及審核事項；
　　　　三、其他有關救濟之設計督導事項。

第八條　本院設財產保管委員會，由委員十一人至十五
　　　　人組織之。
　　　　前項委員除院長及副院長為當然委員並由院長
　　　　兼任主任外，其餘人選由市政府就本市各公法
　　　　團體首長及其他地方熱心公益人士中聘任之，
　　　　均為無給職。

第九條　本院財產保管委員會之職掌如左：

　　　　一、關於財產整理事項；

　　　　二、關於財產保管事項；

　　　　三、關於財產糾紛調查事項；

　　　　四、關於各項生產之計劃執行以及管理事項；

　　　　五、其他有關財產事項。

第十條　本院為辦理救濟業務需要起見，得設附屬醫院及附屬助產學校各一所，其組織另定之。

第十一條　本院設院務會議，由院長、副院長、救濟委員會主任委員、本院祕書、各科所長等組織之。

第十二條　本院辦事細則、院務會議及各委員會議事規則均另定之。

第十三條　本規程如有未盡事宜，隨時報請修正之。

第十四條　本規程自呈奉核定後施行。

附表（一）

瀋陽市立救濟院組織系統表

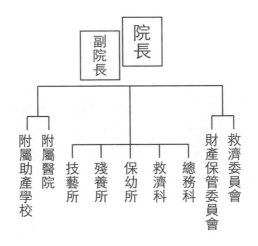

職別	階級	院長室	總務科	救濟科	保幼所	殘養所	技藝所	合計
院長	薦任	1						1
副院長	薦任	1						1
秘書	薦任	1						1
科長	薦任		1	1				2
所長	薦任				1	1	1	3
科員	委任		3	3-4				6-7
教導員	委任				3			3
辦事員	委任		1	1	3	2	3	10
會計員	委任	1						1
技術員	委任						6-10	6-10
會計佐理員	委任	1						1
雇員	雇用		2	1	1	1	3	8
保母	雇用				5-7			5-7
合計		5	7	6-7	13-15	4	13-17	48-55

決議：修正通過各條簡任、薦任、委任字樣一律改為「比照簡任待遇」、「比照薦任待遇」、「比照委任待遇」。

四、兼主任委員交議據瀋陽市政府呈擬物價管制暫行辦
　　法經工商處簽註意見如何辦理請討論案。

　　附原呈管制辦法及工商處意見各一份

瀋陽市管制物價暫行辦法

第一條　瀋陽市政府（以下簡稱本府）為適應動員戡亂
　　　　之需要，根據本市情形特制定瀋陽市管制物價
　　　　暫行辦法（以下簡稱本辦法）。

第二條　本市物價管制除法令另有規定外，悉依本辦法
　　　　之規定辦理。

第三條　依本辦法管制之主要日用物品暫定為左列各類：

　　　　一、糧米類　高粱、高粱米、小米、包米、
　　　　　　　　　　包米麵、大米、粳米、大豆、
　　　　　　　　　　小麥、麵粉。

　　　　二、服用類　棉花、棉紗、棉布（各種本色
　　　　　　　　　　及漂白染色棉布）。

　　　　三、燃料類　煤炭（塊煤、爐煤、煤球、礁
　　　　　　　　　　子）、木炭、劈柴、汽油、
　　　　　　　　　　火油。

　　　　四、日用品類　食鹽、白糖、豆油、香油、
　　　　　　　　　　　花生油、醬油、豬肉、牛
　　　　　　　　　　　肉、羊肉、火柴、洋蠟、紙
　　　　　　　　　　　張等。

　　　　五、其他經本府指定應予管制之物品。

第四條　依本辦法管制與人民日常生活有關之營業暫定
　　　　為左列各種：

　　　　一、旅館業

二、飯館業

三、交通業

四、浴業

五、理髮業

六、電影戲劇業

七、照像業

八、其他經本府指定應予管制之營業

第五條　本辦法第三條及第四條所列物品及營業之價格均按議價辦法議定實施。

第六條　本府為實施議價，得組織物價評議委員會，其辦法另定之。

第七條　本市所有食糧、紗布等非經政府准許不得運出市外，其輸入不受限制。

第八條　凡經營糧食、紗布及本府指定管制物品之商店，須將所存糧食、紗布等數量及購入售出情形依照附表規定按週呈報該管警察分局登記轉報本府備查，其存儲數量不受限制。

第九條　凡非經營本業之商人或非商人於市區內購儲糧食時，不得超過其本戶同炊總需額之六個月用量，棉布每人以一疋為限，棉紗不得存儲，其由市區以外他地購運入境之食糧其購存量不受限制，但須於購入當日依法向該管警察分局登記轉報本府備查。

第十條　違反第八、九兩條之規定擅不登記者，以囤積居奇論（依法登記者免議）。

第十一條　本府登記各商號之糧食、紗布等得按議價

予以配售，其非商人或非經營本業之商人儲存超過需用量以上之糧食、棉布等必要時，得依市場情形隨時價購。

第十二條　凡經議價之營業及物品，商店均須將議定價格牌示於明顯處所，並不得藉詞拒售。

第十三條　經營生活必需品之商之營業，非經本府核准不得自行開業、歇業、停業或停工，違者得按其情節分別論處。

第十四條　本府警察局應隨時派員攜帶檢查證檢查實施物價管制情形，受檢查者不得拒絕。

第十五條　凡經營本業之商人有左列各款情形之一者得依非常時期取締日用重要物品囤積居奇辦法第十七條之規定沒收其物品，並得科以五十萬之以下之罰鍰：

1. 違反本辦法第五條之規定高抬物品價格者；

2. 違反本辦法第七條之規定私運出境者；

3. 違反本規定第八條之規定呈報不實者。

第十六條　凡非商人或非經營本業之商人有左列各款情形之者，除沒收其物品外，並依非常時期農礦工商管理條例第卅一條之規定（五年以下有期徒刑）送懲之：

1. 違反本辦法第九條之規定囤積大量物資者；

2. 以黑市販賣高抬物價有居奇行為者。

第十七條　有左列各款情形之一者，得按違警罰法第

五十四條第一項十一、二款及第七十二條第
一項一、二款之規定，予以罰鍰、停業、勒
令歇業及七日以下拘留之處分：

1. 違反本辦法第五條之規定高抬營業價
格者；

2. 違反本辦法第十一條之規定未能依限期
配售者；

3. 違反本辦法第十二條之規定拒絕出售者；

4. 違反本辦法第十三條之規定者；

5. 違反本辦法第十四條之規定妨害公務者。

第十八條　凡有確知商人或非商人囤積居奇，得據實向
本府或警察局密告，經查獲後本府得將沒
收物品或罰鍰撥出百分之廿給與告密人。

第十九條　依本辦法第十五條及第十六條之規定所沒
收之物品或罰鍰，其由檢查機關直接查獲
者，以百分之三十給予檢查機關及協助機
關，百分之七十用作平價基金。

第廿條　本辦法所規定之物價如因實際情形，其原
產地有重大變化時，得由物價評議委員會
通過調整之。

第廿一條　本辦法自公佈之日實施。

工商處審查意見

一、依照所呈辦法之規定，各種加以管制之物品係採
取議價方式，惟查其大體原則及實施方策以及可能
給予一般市民之觀感，均與限價無異，現正瀋市因
受戰事影響，交通一時阻斷，物資來源不暢，兼以

控制不實，供求失調，致演成物價狂漲，人心徬徨
之嚴重現象，就目前情勢而論，一般民生必需品均
無充分儲備，物資之有無問題，實覺物價漲落問題
更為重要，在物資供求不足，控制不實之情形下，
徒行管制物價，實足使物資逃避，勢難推行盡利，
為調節供需，安定民生計，應爭取及控制物資與其
揚湯止沸，單從管制物價著眼，勿寧釜底抽薪，先
側重於如何管制交易市場，疏暢貨源，以因勢利導
之方法促使百業臻於正常合理之境，則疏解運用不
使有缺，自收平抑之效，至管制物價一層非問題之
本，似可無須重之。

二、爭取物資似應本下列原則辦理

    1. 採取比價與產區間保持較高價差，俾可吸收物
       資入境，並免使運入匪區資敵。

    2. 督促各業商民赴附近產區或存量豐裕地帶購運，
       運輸問題應設法統籌，無鐵路直達地帶，可利用
       汽車、大車，必要時可協助組織運輸隊。

    3. 與軍警機關部隊保持聯繫，對於運輸商貨車輛
       予以保護，並不得藉故留難扣押。

三、控制物資似可本下列原則辦理

    1. 辦理倉棧登記限期完成。

    2. 規定倉棧容量，限制其在限制容量以下之倉棧
       勒令停業，以免物資散處，控制困難。

    3. 各種重要物品規定自儲限量，各商號所有者限
       量以上之物品應存入指定倉棧，期使物資集中
       存儲，便於管理。

4. 各倉棧每日進出貨物須逐日表報主管機構用行
   稽考，以免移藏。

5. 除軍事機關倉棧外，其他各機關之倉棧應一律
   實行登記管理。

四、管理交易似可下列原則辦理

1. 各業運銷零售商號及經紀人應予分別限期登
   記，期得明瞭各商號營業性質以便隨時檢查，
   減少套購囤積牟利情事。

2. 加強各業公會組織，各項法令應透過公會督飭
   各會員辦理，各會員間採取聯保制，互相保證
   不作非法營利，期使各有專業以杜投機弊源。

3. 派員管理重要物品交易市場，對於大宗交易應
   加登記，並將交易價格、市場情況逐日呈報主
   管機構。

4. 規定非同業公會會員及經紀人不得進入交易市
   場，以免非正當商人進入市場投機操縱。

5. 彈性營業之商辦（貿易公司、企業公司、貿易
   行等），其資金及營業範圍應詳加登記，並嚴
   予管理，禁止非商人及未經正式核准登記之商
   號從事貿易，應不使有投機操縱之機會。

五、增加生產似應本下列原則辦理

1. 隨時與各主管機構聯繫，扶持民生必需品製造
   工廠，代為解決增產上之各項困難。

2. 各民生必需品生產之工廠如有資金缺乏情形，
   可以委託加工或訂貨方式維持其生產，兼可收
   控制物資之效。

六、擬照上簽各點批復該市府另擬詳細實施辦法呈核。

決議：交經濟研究會會同有關各單位審查提會。

五、兼主任委員交議朱常委等報告關於「協助救濟蒙旗
　　流亡難民工作討論會議決議事項」一案審議意見是
　　否可行請討論案。

簽呈

　　　　民國三十七年元月二十一日於政務委員會

　　為簽報審議協助救濟蒙旗流亡難民工作會議決議事
項一案情形請鑒核由。

　　案奉元月十七日本會第二十八次常會議決案交議，
為據蒙旗復員委員會簽呈附實協助救濟蒙旗流亡難民工
作討論會議紀錄，飭由職懷冰負集會議審核具報等因，
遵於元月二十日召集職懷冰出席，並由政務、財務、文
化各處長列席舉行小組會議，經逐項議決紀錄在卷，理
合將審議結果簽請鑒核

謹呈

副主任委員王

兼主任委員陳

　　　　職朱懷冰　高惜冰　馮庸　王家楨　吳煥章
謹將原簽呈決議事項及審議決定辦法臚陳如下：

一、以蒙旗情形特殊，擬由有關蒙旗機關團體聯合成立
　　「東北蒙旗難胞福利輔導委員會」，以加強協助難
　　民救濟工作。

審議意見：協助蒙旗難民救濟工作由蒙古旅瀋同鄉會
　　　　　辦理，不另設機構。

二、最近政委會擬定之「東北各省市縣旗難民救濟實施辦法」第三、六、十二等條，凡有省市縣等字句者均應加入盟旗兩字，擬呈請政務委員會予以修正。

審議意見：東北九省行政區劃內盟之地位未經中央確定，暫不增加盟字。

三、在專設輔導救濟機構未成立以前，凡瀋陽流亡蒙旗難胞均由哲里木盟政府辦事處及蒙古旅瀋同鄉會予以登記，編造名冊分送蒙旗復員委員會及瀋陽市政府，以備救濟蒙旂難胞之參考，至登記辦法由蒙旗復員委員會擬定頒行，錦州市政府蒙旗難胞分別由昭、卓兩盟盟政府辦理登記事宜，應將難胞名冊分送錦州市政府及蒙旗復員委員會備查，至義縣、彰武、四平、長春等地流亡蒙旗難胞，如就地有流亡旗政府，分別辦理所屬流亡旗民登記事宜，並照前項辦法辦理，如就地無流亡旗政府者，則由流亡難胞共組同鄉會，依法立案後辦理之。

審議意見：頒行二字改呈核，餘照辦，關於卓、昭兩盟轄屬問題，究歸東北行轅或北平行轅請中央核示，在未奉指示前仍照舊辦理。

四、救濟辦法

1.除普通賑款外，擬呈請政務委員會撥發蒙旗專款。

審議意見：如有特款可專案請撥或請中央專發以示優異。

2.失學之青年分由蒙旗復員委員會及教育部遼北蒙旗教育復員委員會保送介紹入學，並擬呈請教育部成立瀋陽蒙旗師範一所，以資蒙生就讀而培養蒙旗師資。

審議意見：照辦並轉請蒙旗師校暫設瀋陽。

3. 失業之軍政人員應速予以收訓後使之就業，擬呈
　請政委會專設蒙旗青年訓練機構以資收容訓練。

審議意見：此項交政治訓練委員會併入東北蒙旗地方
　　　　　幹部訓練班案內研究。

4. 流亡獨身壯丁擬請編入各該旗政府之保安隊，惟保
　安隊經費及裝備應予加強。

審議意見：由蒙旗復員委員會擬定具體辦法呈核。

5. 以工代賑，擬呈請政委會撥發專款分在瀋陽、錦州
　成立蒙旗難胞工廠兩處。

審議意見：交東北生產管理局核擬呈核。

6. 擬請各地政府撥給當地蒙古同鄉會房舍，藉資臨時
　收容流亡蒙旗難胞。

審議意見：交東北房地產管理局酌辦。

決議：照審查意見通過。

丙、散會

東北行轅政務委員會
第三十次常務委員會議紀錄

時　　間　三十七年一月二十四日上午九時

地　　點　瀋陽本會三樓會議廳

出席人　王副主任委員樹翰　　高常務委員惜冰

　　　　王常務委員家楨　　　馮常務委員庸

　　　　鄒常務委員作華　　　朱常務委員懷冰

列席人　彭秘書長濟羣　　　　張主任委員振鷺

　　　　吳主任委員煥章　　　楊主任委員綽庵

　　　　劉主任慕曾　　　　　呂副處長秉仁

　　　　徐處長鼎　　　　　　甯處長嘉風

　　　　崔處長垂言　　　　　杜處長春宴

　　　　崔處長宗培　　　　　許處長文國

　　　　陳會計長秉炎　　　　吳處長中林

主　　席　王副主任委員樹翰

紀　　錄　楊仲揆　斐定遠

甲、報告事項

乙、討論事項

一、兼主任委員交議據政務處簽請修正「東北各省省政
　　府暫行組織規程」及「東北各省縣市旗政府暫行組
　　織規程」如何辦理請討論案。

　　據政務處簽呈稱「查東北各省市縣旗政府機構員額
　　應予緊縮一案，前經本會編製表件通飭遵辦在卷，

關於本行轄前政治委員會所頒各省政府暫行組織規
程及東北各省縣市旗政府暫行組織規程，係於接收
期間依據『省政府組織法』、院頒『接收東北行政
機構要點之三項指示』及『縣各級組織綱要』等分
別擬訂，並經於三十五年十二月七日呈奉行政院核准
備查者，前項緊縮案實施後，該兩項組織規程究否
廢止或仍予以修正保留，（本處）茲分簽意見如次：

甲、關於『東北各省政府暫行組織規程』者

　　一、依照該暫行組織規程之規定，各省政府
　　　　有專員及參事之設置，此為『省政府組織
　　　　法』所無者，一也。

　　二、依照該省政府暫行組織規程之規定，各省
　　　　政府民政、建設兩廳主管之某項業務特別
　　　　繁重者，得呈請核准設局，此為『省政府
　　　　組織法』所無者，二也。

乙、關於東北各省縣（市旗）政府暫行組織規程者

　　三、依照該暫行組織規程第二條『各縣（市
　　　　旗）政府所管轄區域暫照淪陷期間原有之
　　　　區域各省接收後再由各省政府統籌調整』
　　　　之規定，與『縣各級組織綱要』第一條
　　　　『其區域依具現有之區域』之規定不同
　　　　者，一。

　　四、依照該暫行組織規程第三條『各縣（市
　　　　旗）之區分三等由各省政府擬呈東北行營
　　　　政治委員會核轉行政院備案』之規定，與
　　　　『縣各級組織綱要』第三條『縣之分為三

等至六等由各省政府劃分報內政部核定』
之規定不同者，二也。

五、依照該暫行組織規程第六條後段『縣（市
旗）政府所設科股單位與其職掌及員額編
制由省政府分別擬訂列表報請東北行營政
治委員會核定』之規定，與『縣各級組織
綱要』第八、九兩條『設科之多寡及職掌
分配』及『其名額官等俸給及編制』由省
政府依縣之等級及實際需要擬訂報內政部
核定之規定不同者，三。

六、依照該暫行組織規程第七條『人口在五十
萬以上之市政府得改科設局，其員額編
制由省政府報請東北行營政治委員會核
定』，與『市組織法』第十一條『市政府
設局或科由行政院依其事務之繁簡定之』
之規定不同者，四。

總之本會為東北行政最高機關，中央賦與指導監督
各省政府等之特權，對於各省市縣旗政府之機構員
額及編制等自應由本會核定，藉符中央立法原旨，
此次裁併機構縮減員額後，各省市縣旗政府之組織
核與『省政府組織法』及『縣各級組織綱要』雖無
若何抵觸，然為行使本會職權綜理東北行政事務，
該兩項暫行組織規程似可予以修正保留，是否有
當，理合簽請鑒核示遵」等情，如何辦理，敬請
公決。

決議：由政務處即擬修正案呈核。

二、兼主任委員交議工商處簽請積極收購流散民間水銀
苦味酸並擬具辦法是否可行請討論案。

據工商處簽呈稱「查苦味酸、水銀兩項物資均為重
要軍需原料，敵偽時期儲存極豐，日寇投降後輾轉
流入民間，現匿存於開原、鐵嶺、瀋陽等地，該項
物資數額甚鉅（水銀約有十二萬餘斤），水銀可用
作軍需原料，併可外銷換取外匯，苦味酸除供廠礦
應用，併可改製染料，關於苦味酸之收購前經濟委
員會曾奉准指由資源委員會東北辦事處負責收購，
雖已收購一部，成效未著，且收購價格與黑市價
格相差懸殊，至私藏者多裹足不前，至水銀收購原
擬亦指由該處辦理，嗣經接洽，因東北分所即將裁
撤，且以周轉資金缺乏，收購工作無形停頓，為免
該項物資流入匪區資敵，亟須早日收購。

辦法：

一、收購辦法

該兩項物資擬請指定中央信託局瀋陽分局負責
收購，限期收購完竣，嚴禁自由買賣，違者沒
收，援用本會頒布之違反許可輸出檢扣物資處
理辦法處理之，其收購價格酌予提高，以免私
藏者裹足，並即飭由該分局先行擬具辦法，呈經
本會核定後施行。

二、處理辦法

水銀部份，除供軍需外，並可外銷換取外匯，
擬飭由中信局瀋分局於收購集有成數時，即根
據中央頒布之進出口貿易管理辦法逕向輸管會

東北區辦事處辦理外銷簽證手續，收購價款由
該分局墊付，於每次結匯時歸墊，並視需要情
形隨時電請中央即將此項所得外匯為恢復東北
建設事業所需輸入之器材、設備、原料等優先
保留分配。

苦味酸（picric acid）部份，隨時價撥國營、公
營及民營各廠礦應用，其分配辦法擬請指定由
經濟部瀋陽工商輔導處負責辦理，關內廠礦並
應先取具當地工商輔導處證明，向該處提出申
請，獲得分配廠礦憑該處分配證明向瀋陽中信
分局洽購，並憑該處分配證明向本會辦理申請
特許輸出手續。

三、收購撥售外銷及分配數量由各該局處隨時報備
　　查」。該處所擬是否可行，敬請公決。

決議：修正通過改由物調局收購。

三、兼主任委員交議據交通處簽請解釋鐵路承運雜煤案
　　如何辦理請討論案。

　　據交通處簽呈稱「查關於鐵路受運零星煤炭一案，
　　前經本處會同工商處及各有關機關洽商，凡持有礦
　　方購運證或正式商號發票者可准託運，當簽稿併請
　　核判，旋奉批改為鐵路不得接收託運私煤，並經分
　　飭各在案，茲據東北運輸總局請求解釋各點到會，
　　復據工商處簽復以行轅曾以子冬代電飭各有關機關
　　凡持有礦方購運證者鐵路可憑託運，是以行轅及本
　　會前後兩令不無抵觸之處，本案究應如何辦理，仍

祈鑒核示遵」等情，如何辦理，敬請公決。

決議：交工商、交通、財務三處及物調局審查呈核，並
由高常委召集。

四、兼主任委員交議據交通處轉呈東北運輸總局擬設東
北公路管理處請予備案等情是否可行請討論案。

據交通處簽呈稱「奉交東北運輸總局電稱頃奉鈞會
代電飭仍照前令將遼寧、遼北、吉林三省公路聯
運處與東北公路督修工程處併於本局內部，設立公
路處辦理公路工程及運輸事宜等因，自當遵辦，惟
查本局組織因轉輾審議遷延一年，近始經交通部轉
送行政院，現尚未奉核定，如再請增設公路處必致
牽動全案，更稽時日，且此項機構須管理東北公路
工程及運輸業務，對外關係極為繁雜，非於本局內
設一類似幕僚機構之公路處所能執行業務，為遵從
鈞會指示，力圖簡化撙節及兼顧公路業務，便於執
行起見，擬將合併後之機構定為東北公路管理處作
為本局附屬單位，下設工程、運輸兩組，仍責成運
輸部分以自足自給為原則，俾於緊縮統一之中稍收
實效，除即飭著手歸併，仍以胡純讚兼充該處處長
外，謹呈請俯賜核備等語，查該局所稱各節不無相
當理由，可否姑准備案之處，敬祈鑒核示遵」等
情，是否可行，敬請公決。

決議：准予備案。

五、兼主任委員交議物調會呈擬以布易糧辦法一種是否
可行請討論案。

據物調會簽呈稱「奉交下務主機字第二九三號電報
一件並批示箋內略開：『抄交財務處電物調會分
辦』等因，遵即擬定以布易糧辦法一則，關於以鹽
易糧一案，擬請令飭鹽務局辦理，是否可行，理合
檢呈以布易糧辦法，簽請鑒核示遵」等情，是否可
行，敬請公決。

以布易糧辦法

一、交換品名

　　1. 換出品：白布

　　　　牌別：物調一號

　　　　規格：重12磅、長40碼、寬36吋

　　　　註：他種布須以此布為標準，另訂定比率。

　　2. 換進品：高粱、大豆、稻子、穀子

　　3. 品質：換進品質以不滲水、不滲雜質之規定標
　　　　　　準為限。

二、交換比率：白布每段交換糧食數量如左表

品名	單位	數量
高粱	市斤	16.6
大豆	市斤	40.7
稻子	市斤	16.6
穀子	市斤	21.3

說明：

　　1. 白布每疋價二八五、○○○圓（係根據一月十三
　　　　日紗供處瀋市行情表報），但因鄉糧與市布之
　　　　生產成本相差懸殊（鄉糧之價恆低於市價，而
　　　　鄉屯之布價要高超市價），為使交換比率持久

計，將白布市價加一成，每疋定價為三一三、
五〇〇圓。

其外各種布疋皆以此布為標準，隨時按市價提
加一成核定，白布分段，每段足十五市尺。

2. 糧價係根據一月十二日鐵嶺購運站日報，因交
通受阻，無法分別地區。

高粱每斤二、七〇〇元，大豆每斤一、一〇〇
元，稻子每斤二、七〇〇元，穀子每斤二、一
〇〇元。

3. 白布每疋可換高粱一一六‧二斤（查卅五年
十二月每疋可換一、〇五〇斤，卅六年十二月
每疋可換三五七斤）。

4. 以上辦法係臨時規定，將來交換實施時，得視
當時地方情形隨時核定改訂之。

三、交換對象：以直接向農民交換為原則，先由新民、
瀋陽、鐵嶺三縣試辦，視需要再推展其他地區。

四、辦理機構：由省市府或縣府推動辦理，物調會購運
站執行交換換進糧食仍由物調會委託糧商收支。

五、表報：交換物品由購運站逐日報會（附表式）。

六、各地現存布疋數量表

存布機關	存放地點	種類	數量（疋）
本會紗供處	瀋陽	白色粗細布	10,000
中紡公司	瀋陽	白色粗細布 染色粗細布	10,000 20,000
中紡公司	錦州	白色粗細布	10,000
共計			50,000

糧布交換比率換算表

物調一號每疋市價：285,000 圓

提加一成之價：285,000 圓＋28,500 圓＝313,500 圓

每段之價：313,500 圓÷7 ＝44,800 圓

品名	高粱	大豆	稻子	穀子
數量	16.6 斤	40.7 斤	16.6 斤	21.3 斤
	44,800 圓÷ 2,700 圓 ＝ 16.6 斤	44,800 圓÷ 1,100 圓 ＝ 40.7 斤	44,800 圓÷ 2,700 圓 ＝ 16.6 斤	44,800 圓÷ 2,100 圓 ＝ 21.3 斤

東北物資調節委員會棉布交換糧食報表

換字第　號

購運站　年　月　日

年		換出棉布		換入糧食		交換率		附記
月	日	品名	數量	品名	數量	布	糧	

主任　　　　　　　　　　　　填表人

決議：推全體常委審查，並通知工商、財務兩處處長及
　　　物調局、鹽務管理局局長列席，由高常委召集。

六、兼主任委員交議據政務處簽擬各地檢扣日僑俘超規
　　物資處理辦法是否可行請討論案。
　　　據政務處簽呈稱「查由三十五年五月遣送日僑俘開
　　始，所有各地檢扣超規物資均經飭交統一接收委員
　　會接收處理在案，惟迄未據該會將處理情形具報，
　　此項物資久存恐致毀損，茲擬訂處理辦法如次：
　　一、關於軍用品交由軍事機關保管；

二、歷史書籍及文件報告、統計數字與其他類似資
料交有關機關保管研究；

三、珠寶、金銀、現款、藝術品及其他貴重物品等
項交中央銀行保管另案處理；

四、普通物品依法標價出售，得價交存央行。

以上各項擬代電統委會加速處理，分案列報，當否
謹簽請核示」等情，是否可行，敬請公決。

決議：先行造冊送核。

丙、散會

東北行轅政務委員會
第三十一次常務委員會議紀錄

時　　間　三十七年一月二十八日上午九時

地　　點　瀋陽本會三樓會議廳

出席人　　王副主任委員樹翰　　高常務委員惜冰

　　　　　王常務委員家楨　　　馮常務委員庸

　　　　　鄒常務委員作華　　　朱常務委員懷冰

列席人　　楊主任委員綽菴　　　彭秘書長濟羣

　　　　　張主任委員振鷺　　　吳主任委員瀚濤

　　　　　吳主任委員煥章　　　劉主任慕曾

　　　　　魏處長鑑　　　　　　徐處長鼎

　　　　　甯處長嘉風　　　　　王副處長天民

　　　　　王副處長廣齡　　　　崔處長宗培

　　　　　許處長文國　　　　　陳會計長秉炎

　　　　　吳處長中林

主　　席　王副主任委員樹翰

紀　　錄　楊仲揆　斐定遠

甲、報告事項

一、准行政院賠償委員會電復本行轅電請准由東北派
　　員赴日協助辦理拆運賠償機器設備一案情形報請
　　備查。

乙、討論事項

一、兼主任委員交議東北青年中學改組辦法經文化處等

會同審查並簽註意見是否可行請討論案。

據文化處簽呈稱：「本處所擬東北青年中學改組辦法經第廿六次常會議決交文化、會計、財務三處會同審查」，審查結果各處意見如左：

一、會計處意見

（一）查貴處所擬之東北匪區青年招致及教育工作改進方案，將來接收省市之松北聯中、安東臨中、興安蒙中及已接收省市之遼寧省立臨中改為九個青年中學，由遼寧、瀋陽、長春等省市政府接辦，專為收納匪區青年，招訓隊招訓之學生按該青年中學既分別由各省市政府管理，似乎不必統編番號，應改為某省市第幾青年中學。

（二）各該中學擬招收學生若干名、教職員若干、每月需經臨費若干，似應飭各接辦省市主管教育機關迅擬方案及概算報請核辦。

（三）各該中學經臨費仍以編入各該省市總預算為宜，其預算中不敷之數請中央補助，其已接收省市以補助收入列入該省歲入預算。

（四）其急需經費可由接辦省市會同本會擬定數目暫行撥借，俟預算成立再分別扣補。

二、財務處意見

（一）查松北聯中及安東臨中均為未接收省
市所辦之普通中學，所有經費及公費生
之比例分配以及待遇標準均應依照規定
自行統籌，但以該省市既未接收，本
身毫無財源，而所收學生均屬流亡失學
青年，情形不無特殊，曾由本會權准按
實際所需由國庫專案補助，事後列入省
市預算編報，並經報奉政院指示限於
三十六年度為限，並飭報學生名額在
案，至已接收省市之臨中均係由各該省
市依照規定列入各該省市預算統籌，本
年度貴處擬定東北匪區青年招致及教育
工作改進方案，將來接收省市之松北聯
中、安東臨中、興安蒙中及已接收省市
之遼寧省立臨中改為九個青年中學，並
規定青年中學由遼寧、瀋陽、長春等省
市政府接辦，專為收納青年招訓隊招訓
之學生，用意至善，本處極表贊同，惟
該青年中學究為國立抑為省或市立，以
及名額若干，似應先為決定，俾可確定
經費來源及預算之編擬，再青年中學如
屬國立，則應編入國家預算範圍，應先
報准教部轉呈政院核撥經費，如屬省
立，則應飭編入各該省市預算，除未接
收省市仍請政院照上年成例補助外，其

已接收省市應依照規定自行在省市預算
內統籌，按原計劃以數字番號分省辦理
似屬國立性質，本處對青年中學意見在
未確定其隸屬及經費來源以前，而原有
之松北聯中及安東臨中、蒙旗中學本年
一月份經費均已照貴處意見發放，似未
便再墊經費，以免增加本會以後報銷之
困難，究應如何辦理，請貴處迅速研究
確定簽報兼主任委員核示。

（二）青年招訓隊組織係屬本會抑屬各接收省
市，請即見復，以便確定其經費來源。

（三）松北聯中經費均係按月撥由興安省政
府具領轉發，其中十二月份經費計一億
七千餘萬元，嗣又補發追加數一億九仟
餘萬元，前據長春市政府電告該校並未
領到，經詢據該省府來員稱以交通阻滯
未能匯出，已囑即速設法匯撥，似勿庸
再借經費，如貴處認為必要，擬予墊借
週轉金二億元。

（四）松北聯中、安東臨中及蒙旗中學一月份
經費曾以該校改組問題准貴處函復照舊
發給在案，二月份是否照舊發給，以及
各該校本年度預算如何確定，請一併查
告以憑核辦。

三、文化處意見

（一）過去為收容匪區青年，以松北各省市

未收復，設有松北聯中及興安蒙旗中學，安東撤退後設有安東臨中，均係由各該省市政府辦理，在匪五次竄擾後，遼寧、遼北、吉林陷匪地區學生相繼來歸，按本轅規定已收復省市各項經費不予貼補，應由各該省市政府自行設法，惟各該省市政府以無力設校收容，所有流亡學生除轉入省市立學校者外，亦多入聯中、臨中，故各學校雖仍歸各該省市辦理，而學生已非完全為各該省市之學生矣，改組為青年中學可以統籌辦理其隸屬問題，因係臨時性而非永久性者，似不宜隸屬於教育部，兼主任委員諭交所在地省市政府辦理，係委託性質，自亦不宜隸屬所在地省市政府，故以與招訓總隊同隸屬於本轅為宜。

（二）松北聯中等校過去雖屬公費，但只發主副食，與省市立學校同，與國立學校之公費則相差甚遠，而松北聯中即主副食亦僅按所在地限價發費，不配實物，使大部求諸黑市，僅購主副食已感不足，且須在此數內撙節文具、服裝以及日用雜費，致自設校迄今，無日不在啼飢號寒中，改組之後，為推行計劃教育，應按國立學校待遇全部公費，學校編制及經常各費亦應按國立中學辦法，庶可稍

期發展，至所用各款擬由本轅請國府撥
發專款，在未核發之前暫由本轅墊撥。
以上三項意見是否有當，敬請鑒核示遵」等情，是
否可行，敬請公決。

決議：青年中學仍隸所在省市經費列入，各該省市政
府預算不足之數由國庫補助，款項未到前由本
轅墊撥。

二、兼主任委員交議蒙旗復員委員會簽請將東北未收復
區流亡青年救濟費餘款撥濟蒙旗流亡青年並補助在
校蒙生案是否可行請討論案。

據蒙旗復員委員會簽呈稱「案查關於救濟東北失學
失業青年及蒙旗青年一案，前政委會曾奉行政院
三十六年三月二十二日從玖字第一〇四三六號訓令
略以撥發東北流通券三億元，由前政治委員會統籌
分配，專作救濟訓練東北未收復區青年之用，所有
東北未收復區之蒙旗青年亦應列入此項救濟範圍，
毋庸分別辦理等因在卷，查該項救濟費撥領後，旋
經前政委會三十六年六月十一日第三十九次政委會
議議，決准借作為戰地來瀋在校學生臨時緊急救濟
費二億元，經報請行政院核准嗣後，又續借八千萬
元，統由戰地來瀋在校學生臨時救濟委員會具領轉
發（截至前政委會結束時尚有餘款一千七百二十三
萬一千三百七十三元〇三分整未經發放），至前
存貳千萬元除由吉林梁主席經領五百萬元，長春
趙市長經領四百萬元，及前蒙委會楚主任委員經

領補助中訓團學員十四名旅費二十八萬元，合共九百二十八萬元外，尚餘一千零七十二萬元，以上兩項餘款共計貳千七百九拾五萬一千三百七十三元零三分正各在案，複查此項東北未收復區流亡青年救濟費流通券三億元，原係東北未收復區各省市縣旗民眾團體代表聯合會請願團等在京請求救濟失業失學青年而核撥者，且此款行政院原訓令指明專為救濟東北未收復區青年與蒙旗青年之用，但過去因大部份一再挪借作為其他用途，致實際上蒙旗青年並未得沾實惠，現查瀋陽、錦州、長春、四平等地未收復區蒙旗流亡失業失學青年為數至夥，亟待救濟，即在校蒙生因家鄉淪陷接濟斷絕，亦須照舊繼續予以補助，擬請將東北未收復區流亡青年救濟費餘款貳千七百九拾五萬一千三百七十三元零三分指撥專為救濟蒙旗流亡青年及補助在校蒙生之用，由本會會同文化處按照查報名冊人數酌予分配發放，以資收攬蒙旗青年心理，而宏中央關念之德意」等情，是否可行，敬請公決。

決議：交政務、財務兩處查案合簽。

三、兼主任委員交議據經濟研究會簽具審查瀋陽市管制物價暫行辦法草案意見如何辦理請討論案。

經濟研究會審查意見

查瀋市物價近來日漸跌落，原提案擬採取議價方式以管制物價，按諸市面實際情形殊不適用，現在人心日漸安定，各貨來源均漸活動，漲風已過，如能因勢利

導，來源日暢，再議定調節供求，增加生產，各項辦法物價自可日趨穩定，倘不察實際即實行議價，恐市內已存之物資將多數隱匿移藏，未入市之物資均觀望不前，結果來源枯竭，造成黑市，不但不能平定物價，反波動物價暗中暴漲，影響市民生計莫此為甚，所以無論從任何方面觀察，目前似不應實行議價，據工商處審查該案意見，建議爭取物資，控制物資，管理交易，增加生產，各點所見甚是，似可採用，此外應注意者尚有數項：

（一）保護運輸車輛應擬具切實辦法，查軍警抓車影響運輸，業經三令五申嚴行禁止在案，但仍有不肖軍警不遵法令，對於過往車輛或加留難或任堵抓，致使各項車輛多不敢入市，影響糧貨運輸甚鉅，為避免此種現象起見，應與軍警機關部隊商定取締辦法，隨時派員巡查市內外要道，嚴厲取締軍警抓車，以利運輸而暢貨源。

（二）原案對食糧、紗布非經政府准許不得運去市外之規定，尚可採用，惟實行辦法宜嚴密規定，以免與經辦人以勒索之機會。

（三）管制金融，查物價之漲落但隨市面金融狀況為轉移，如欲平定物價，必須首先管制金融，其管制辦法除遵照中央頒布各項金融法令外，對地方各商業銀行號業務應規定管理辦法，須隨時注意各行號放款情況及物價之漲落，並對於採運商人及生產事業宜放寬放款之限度，對於坐商（市內販運）之放款則須隨時加以限制，以免影響物價。

決議：照審查意見通過。

四、兼主任委員交議茲擬東北各省市政府三十七年度施
　　政準則草案一份是否可行請討論案。
決議：推朱常委召集各有關單位審查。

五、兼主任委員交議據蒙旗復員委員會簽請增撥盟旗政
　　府補助案是否可行請討論案
　　據蒙旗復員委員會簽呈稱「查關於補助各盟旗行政
　　費一案，業由前政治委員會第四十四次委員會議
　　議決，准予分別盟旗之大小予以補助，計哲盟政府
　　每月流通券貳百萬元，卓、昭兩盟政府每月各流通
　　券五拾萬元，大旗政府每月流通券陸拾萬元，中旗
　　政府每月流通券五拾萬元，小旗政府每月流通券四
　　拾萬元，旗政府辦事處每月流通券參拾萬元，並由
　　三十六年度七月份起開始按月補助在案，惟自奸匪
　　第五次攻勢後，以熱東軍事撤守，故卓、昭兩盟及
　　其所屬各旗政府均形流亡，職會迭據各盟旗政府函
　　電交催以旗境淪陷，稅收枯竭，加以物價狂漲，生
　　活指數日增，各該盟旗政府開支浩大，每月所得
　　之補助費已成杯水車薪，如不予以增加，實難推
　　行政務，懇請迅速增加行政補助費以資維持，而便
　　促進行政效率各等情前來，查所稱各節確屬實情，
　　為把握蒙民信心暨加強盟旗行政效率計，對各盟旗
　　行政補助費實有增加之必要，惟以三十六年會計年
　　度業經終了，追加預算諸多不便，當即回復各盟蒙

政府俟於三十七年度起統籌簽請辦理各在案，茲際三十七年會計年度開始之際，職會謹依據各盟旗要請增加補助費之數額，並按目前生活指數及物價日漲情形，擬具三十七年度各盟旗行政補助費每月需要概算表，對各盟旗行政補助費予以增加（計每月共增四二、二○○、○○○元），以示鈞座對蒙眷懷之德意」等情，是否可行，敬請公決。

決議：交財務、政務、會計三處會簽呈核。

六、兼主任委員交議物調會簽具補充公教員工福利實施方案辦法是否可行請討論案。

據物調會簽呈稱奉讀鈞會頒佈公教員工福利實施方案（下簡稱方案），自當遵照施行，惟查是項方案公布之時，適值中央發表按照生活費指數標準支薪，取銷原有配給實物辦法，並定瀋陽暫按二十萬倍計算，其中不無抵觸應加檢討之處，謹陳管見如左：

一、方案規定照定價配售收回價款後所生之虧耗由政府貼補，按照中央新定辦法似不能額外撥款，則必須考慮：

（一）是否仍配實物；

（二）在規定指數待遇以外另配實物；

（三）抑在指數待遇以內扣除一部份款項配給實物。

二、憑證分配之計價標準規定五口之家應收總配價不超過生活補助費基本數之總額，或由政委會按月酌定，茲前者業已取銷，必須實行後者，

究應如何酌定，多待商討之處。

三、根據前述兩項，謹擬三項辦法提供採擇：

（一）照中央規定發給薪金不另配實物，是項辦
　　　法各方面均甚省事，但每三個月按照該三
　　　個月之前一月的生活費指數調整一次，
　　　在物價波動之時，公教人員按月全收薪
　　　金，實不如兼配實物所得實惠之多。

（二）扣發薪金不收配價，或低價配予實物以
　　　所得現金及實物之總值相當於指數二十
　　　萬倍之待遇為原則，眷屬應領數額及代
　　　金大致均照方案規定辦理，至所扣之薪
　　　金撥交物調局運用，無須另請貼補，是
　　　項辦法與方案頗相類似，惟：

（1）扣發薪金，各人心理上，有所
　　　不快。

（2）眷屬不在任所者，按其所在地折
　　　得之代金，及在任所眷屬不足四口
　　　者，所得實物之價值，將不足指數
　　　二十萬倍之待遇，必致不滿。

（3）各人生活所關，為期多獲便宜實
　　　物或多得代金，必致諸多浮冒，
　　　且照此辦法，尚須考慮：

（1）眷屬不足五口者，似應補發
　　　差額代金；

（2）超過五口者，酌照成本收價；
審核考查，頗感不易。

（三）仍照規定生活費指數發給薪金，由物調
　　　局運用現有資金，在不虧本及不影響再
　　　購資金之原則下，以不超過市價十分之
　　　八標準，按月定價配售，眷屬按照在任
　　　所實在直系人數計算配量，不在任所者
　　　不發代金，此辦法在各人屬於額外收
　　　獲，在政府亦不至過於虧損，且可減除
　　　前項困難問題。

四、前列各項，全指公數人員部分為主體，似以
　　（三）項較為適當，又另有學生及報社人員，
　　並非政府薪俸待遇，如一般公教人員，決採較
　　高價配售辦法，實非渠等所能負擔，且有失政
　　府體恤之原意，擬另定低價辦法配售，其虧損
　　數額，最好由鈞會設法貼補，或由物調局在公
　　教範圍配售盈餘攤補之。關於各項之分配手續
　　細則，當俟原則決定後，即行詳為擬呈，敬請
　　公決。

決議：照原簽第三項辦法辦理配售，價格以不超過市價
　　　十分之七為標準。

七、兼主任委員交議據工商處擬具「東北行轅政務委員
　　會稽核轄區各事業機關業務辦法草案」一種是否可
　　行請討論案。

東北行轅政務委員會稽核轄區各事業機關業務辦法草案

第一條　本會稽核轄區內各事業機關業務依照本辦法
　　　　辦理之。

第二條　本會為督導加強暨考核各事業機關業務進度，
　　　　得隨時派員前往或駐在各事業機關實施稽核。

第三條　稽核人員憑本會派令行使職權，本會於令派
　　　　稽核人員時並同時令知各該機關。

第四條　稽核人員執行職務時應注意下列各項：
　　　　一、組織及人員配備與各該機關現行業務是
　　　　　　否配合；
　　　　二、各項業務是否按照原定計劃進行暨是否
　　　　　　與本會現行政策相配合；
　　　　三、經費支用是否適當，有無移用及浪費情
　　　　　　事暨對於業務上發生之效果；
　　　　四、與業務有關之交易行為是否均依法辦理；
　　　　五、如其為生產機關並應注意其設備、原料、
　　　　　　材料等是否使用適當暨已否盡最大之生產
　　　　　　效能；
　　　　六、有無需要改進事項；
　　　　七、其他本會飭查事項。

第五條　稽核人員於實行稽核期間得請由各該機關提
　　　　供必要表報及有關資料。

第六條　稽核人員為執行職務之便利，得檢查有關簿
　　　　冊文卷，各該機關不得拒絕或推諉，如有疑
　　　　問時，各該負責人並應詳實解答。

第七條　稽核人員於必要時得列席各種會議聽取意
　　　　見，各該機關不得拒絕，但稽核人員對各項
　　　　議案不得表示任何意見。

第八條　稽核人員於必要時須前往各該機關所屬分支

> 機構及倉庫或工作場所實地考察，各該機關
> 應予協助。

第九條　稽核人員執行職務時應與駐在各該機關之會
　　　　計、審計人員切取聯繫。

第十條　稽核人員對於各該機關行政及業務措施不得
　　　　加以干涉，如認為有需要改進糾正事項，應
　　　　隨時報會處理。

第十一條　稽核人員遇有重大事項應隨時報會處理
　　　　　外，並應按旬、按月為定期報告。

第十二條　稽核人員除應由駐在機關供給辦公處所暨
　　　　　予以食宿上之便利外，不得接受任何招待
　　　　　或餽贈。

第十三條　本辦法自核定日施行。

決議：修正通過。

丙、散會

東北行轅政務委員會
第三十二次常務委員會議紀錄

時　間　三十七年一月三十日上午九時

地　點　瀋陽本會三樓會議廳

出席人　王副主任委員樹翰　　高常務委員惜冰

　　　　王常務委員家楨　　　馮常務委員庸

　　　　鄒常務委員作華　　　朱常務委員懷冰

列席人　彭秘書長濟羣　　　　韓主任委員駿傑

　　　　張主任委員振鷺　　　吳主任委員瀚濤

　　　　吳主任委員煥章　　　楊主任委員綽菴

　　　　劉主任慕曾　　　　　魏處長鑑

　　　　徐處長鼎　　　　　　甯處長嘉風

　　　　王副處長天民　　　　王副處長廣齡

　　　　崔處長宗培　　　　　許處長文國

　　　　陳會計長秉炎　　　　吳處長中林

主　席　王副主任委員樹翰

紀　錄　楊仲揆　斐定遠

甲、報告事項

乙、討論事項

一、兼主任委員交議據政務處等會簽隴新還鄉義軍行政
　　人員編入政工隊核敍級俸辦法是否可行請討論案。
　　據政務處等簽呈稱「查安置隴新還鄉義軍一案經本
　　會第十五次常務委員會議決，行政人員編入政治工

作隊，軍官佐請行轅編入軍官隊，並經轉令義軍李
總領隊遵照在案，茲據呈送行政人員簡歷名冊並附
呈服務證件到會計共列二百三十四員，惟所繳證件
多未完全，無從核敘級俸，為求覈實計，擬俟各該
員入團受訓結業後根據受訓成績並查核服務資歷再
行核敘級俸，至在受訓期間擬一律照六十元底薪並
按規定倍數支給之」等情，是否可行，敬請公決。

決議：照辦。

二、兼主任委員交議據政務處簽呈未收復省市國大代表
　　及立法委員選舉糾紛案處理辦法如何辦理請討論案

　　據政務處簽呈稱「查東北各未收復省市國代及立委
　　政黨提名候選人名單經由各省市選舉會報提出送
　　由本轅核轉中央黨部核定公布在案，上項名單公布
　　後各省市選民或同鄉團體對中央核定各該省市候選
　　人名單多有向本會提出不同意之申訴，非控冒名頂
　　替屬籍不符，即控辦理選務人有舞弊行，為按國代
　　及立委選舉罷免法有選舉人或候選人確認辦理選務
　　人或候選人有違法舞弊時，得向該管高等法院或首
　　都高等法院提起訴訟之規定，惟此項政黨提名係屬
　　中央黨部決定者，照規定提起訴訟殊損政府威信，
　　倘以中央決定而對申訴者便擱置不理，下情壅於上
　　聞，亦非行憲之道，茲擬：

　　一、由本會派高級人員前往各辦理選務地區實地調
　　　　查，如候選人確有冒籍頂替或辦理選務人有舞
　　　　弊行為而提出候選人不當者，此類候選人一律

　　　轉請中央明令註銷另行提名重選；

　二、將各省市選民或同鄉團體呈控案分別發交各該
　　　管省市政府黨團部提出答辯，如答辯有充分理
　　　由者准維持原案，否則轉請中央將原候選人
　　　取銷另行提名重選；

　三、將各省市民眾控告案彙轉中央核辦，本會不
　　　另加意見；

　右列三項以何者為當，敬請核示」等情，如何辦
　理，敬請公決。

決議：照原簽第二、三兩項辦法修正通過，第二項「另
　　　行提名重選」句刪去，第三項「本會不另加意
　　　見」句刪去。

三、兼主任委員交議據政務處簽擬冬令救濟補助費五億
　　元分配辦法是否可行請討論案。

　　據政務處簽呈稱「查冬令救濟補助費前經行政院撥
　　發流通券三億元並經分發各省市辦理救濟在案，
　　嗣以東北難民眾多，三億元不敷甚鉅，又電請社會
　　部籌撥流通券五億元，茲奉院部電准照數匯撥，謹
　　依上次標準擬具分配辦法如附表可否，先提請『本
　　會』常委會核奪，理合檢呈院部來電及分配表簽請
　　鑒核示遵」等情，是否可行，敬請公決。（附分配
　　數目表一份）

省市別	第一次分配數（元）		本次擬分配數（元）	
吉林省	60,000,000	20%	100,000,000	20%
長春市	60,000,000	20%	100,000,000	20%
瀋陽市	70,000,000	23%	115,000,000	23%
遼寧省	70,000,000	23%	115,000,000	23%
遼北省	40,000,000	13%	70,000,000	13%
合計	300,000,000		500,000,000	

決議：照辦。

丙、散會

東北行轅政務委員會
第三十三次常務委員會議紀錄

時　間　三十七年二月五日下午三時

地　點　瀋陽本會三樓會議廳

出席人　王副主任委員樹翰　　高常務委員惜冰

　　　　王常務委員家楨　　　鄒常務委員作華

　　　　朱常務委員懷冰

列席人　彭秘書長濟羣　　　　張主任委員振鷺

　　　　吳主任委員瀚濤　　　楊局長綽菴（張常委代）

　　　　劉主任慕曾　　　　　魏處長鑑

　　　　崔處長垂言　　　　　許處長文國

　　　　崔處長宗培　　　　　吳處長中林

　　　　陳會計長秉炎

主　席　王副主任委員樹翰

紀　錄　楊仲撰　斐定遠

甲、報告事項

一、關於東北國際運輸公司包運物調會煤炭請予核備一
　　案，已另經行轅令知不准，謹報請備查。

乙、討論事項

一、兼主任委員交議據留用日籍技術員工管理處呈擬
　　三十七年度東北遣送日僑俘計劃書一份是否可行請
　　討論案

　　據政務處簽呈稱「查三十六年度遣送日僑早已結

束，三十七年度仍應賡續進行，茲據留用日籍技術員工管理處查報載至三十六年十二月底收復區及匪區殘留日僑並留用日籍技術員工及其家屬等共約有十二萬零八百人，預定由本年四月至十月可能遣送者計四萬五千五百人，擬具遣送計劃簽請核示等情，該項計劃是否可行，擬請提會討論以便照辦」等情，是否可行，敬請公決。

附三十七年度東北遣送日僑俘計劃書一份

一、宗旨

為繼續達成全東北殘留日僑俘及解雇留用員工之遣送工作起見，擬訂本計劃。

二、範圍

本計劃之遣送範圍包括東北收復區與匪區及蘇軍盤據區內殘留一般日僑，及不必要之解雇日籍員工與其眷屬。

三、地區

甲、國軍收復區

乙、匪區

丙、蘇軍盤據區

四、遣送辦法

仍依照以往之遣送程序，先期分函各省市縣政府及有關機關將所有未遣淨之日僑及不必要之解雇日籍員工確實調查後，設法集中運至瀋陽待遣，至於匪區所殘留之日僑俘如經國軍收復時，可隨時派員前往接運或利用誘導方法吸引各該匪區日僑俘自行向收復區逃來，俾便集中遣送。

五、遣送人數

東北境內現有日僑截至上年度年底止，收復區之留用員工及其眷屬以及由情報獲得匪區內殘留日僑俘數目計尚有一二〇、八五二名，除大連地區一〇、〇〇〇名因情形特殊及未收復地區內之日僑均難如期遣送外，綜合可能遣送人數如左：

1. 留用解雇員工及其眷屬三、八三五名；
2. 未遣淨日僑（包括浮浪者）一、六〇六名；
3. 預定可能由匪區逃來者四〇、一五〇名；

共計四五、五九一名。

六、集中

預定由三月初旬起派員協同日僑善後連絡所赴主要各地區準備辦理集中收容待遣事宜，通火車地區利用火車接運，不通火車地區則兼用馬車及汽車，預定四月初旬集中瀋陽，然後轉運葫蘆島遣送之。

七、防疫

仍依照上年度辦法，請由行轅轉飭瀋陽市政府負責辦理代診注射及噴撒 DDT，並由本處督導日僑善後連絡所衛生股協助市府施行檢疫工作，而將病人另行編隊遣送之。

八、管理

各地日僑集中瀋陽後全部收容於各集中營，由本處派員負責管理之。

九、順序

由於氣候及地理關係，日僑之集中瀋陽日期約如下表，依據此項集中日期暫先預訂遣送順序如左：

預定順序

月別	解雇員工	未遣日僑	逃來日僑	合計	月別遣送數	所需船隻數
1		100	100	200		
2		200	150	350		
3	300	150	1,500	1,950		
4	800	200	3,500	4,500	6,000	4
5	700	150	5,500	6,350	6,000	4
6	400	200	8,000	8,600	9,000	6
7	400	150	8,000	8,450	9,000	6
8	500	150	8,000	8,650	6,000	4
9	300	200	5,400	5,900	7,500	5
10	435	106		541	2,091	1
合計	3,835	1,606	40,150	45,591	45,591	30

十、車輛

擬呈請行轅仍依照上年度辦法，轉飭瀋陽軍運指揮所按照上表遣送順序準期撥給車輛（棚車），綜計由四月中旬起開始遣送，至十月末止，預定共需車皮二十二列，分二十二次運往葫蘆島。

十一、船隻

本年度待遣日僑人數約如前表計有四五、五九一名，按一千五百名各需船一隻計算，共需船三十隻，此項船隻擬仍依照三十六年度辦法呈請行轅轉請國防部按期撥給，但未收復區之日僑俘能否如預定日期集中頗難預測，故所需車輛船隻臨時必有增減。

十二、港口

葫蘆島港口冬季凍結，每年於四月中旬始能解凍，本年仍擬使用該港口，俾便早日完成遣送。

十三、攜帶物品之檢查

　　　　仍按照上年度辦法，由本處會同軍警憲等有關
　　　　機關組織檢查小組，於瀋陽登車前施行統一檢
　　　　查，沿途軍警及各車站不再檢查，並援前例由
　　　　本處派員押運隨時監視之。

十四、附記

　　　　未收復地區殘留之日僑俘除自行逃來待遣外，
　　　　恐難如期遣送，須俟收復工作進展，依據當時
　　　　情況另擬計劃。

決議：俟交通恢復後再辦。

二、兼主任委員交議據秘書處呈擬審查東北運輸總局
　　三十七年度工作計劃意見是否可行請討論案。

　　　據秘書處簽呈稱「各機關三十七年度工作計劃前奉
　　國民政府令規定於列報上半年度經費預算時附列中
　　心工作呈核，並經以本轅亥真政計一瀋一九一三院
　　代電轉飭在案，又查該局預算案係直接由交通部審
　　核，其工作計劃似原應呈由交部辦理，茲已據呈送
　　計劃前來擬分飭如次：

　　　一、工作計劃應遵照國府頒發三十七年度中央及各
　　　　省市政府總預算暫編辦法內各機關列報上半年
　　　　度經費時附列中心工作呈核之規定辦理，至該
　　　　項計劃格式及項目數量仍照前轉登三十七年度
　　　　各機關工作計劃編審辦法之規定編造（惟計劃
　　　　限度以來年為限）；

　　　二、原計劃事業部份工務類第二項路線整理工程應

　　　　　　　將潘榆線列入；

三、原計劃營業部份工務類中應加入路線橋樑防護
　　工程一項，內分：
　　甲、春融冰水沖刷加固臨時橋梁工程，
　　乙、雨季路線防水搶救工程；

四、關於營業用款估計書應按照目前實際情形編
　　列，俸給費應照核定人數及現行標準計列，其
　　餘辦公材料等費仍以尚年十二月份核定預算數
　　為標準計列；

五、凡擬新設機構及重大新辦事業均應事先專案呈
　　准後辦理；

　　以上所擬是否有當，敬請核示」等情，是否可行，
　　敬請公決。

決議：照辦。

三、兼主任委員交議瀋陽市政府呈擬緊縮該市區公所及
　　保辦公處等員額編制辦法是否可行請討論案。
　　據瀋陽市政府呈擬緊縮該市區公所及保辦公處等員
　　額編制前來經交據政務處簽擬意見稱『據該瀋陽市
　　政府擬送區公所及保辦公處等項員額編制前來，擬
　　復如次：
　　一、原擬各區公所員額編制甲等者二十八名、乙等
　　　　者二十二名，大致尚屬需要，惟關於該甲、乙
　　　　兩級區公所各項人員稱謂及其數額配置情形，
　　　　似可照前頒各省鄉（鎮）區公所暫行員額編制
　　　　數改為甲、乙兩級區公所各設區長一人，主

任、幹事各一人，幹事各四人，助理幹事甲等
者十一人、乙等者九人，雇員各二人，並各置
戶籍幹事一人，戶籍助理幹事甲等者三人、乙
等者二人，會計員各一人，甲等者加置會計助
理員一人，區丁各三人；

二、原擬保辦公處員額編制似應比照前頒各省保辦
公處暫行員額編制數，將其戶籍員一人刪除；

三、為免除區公所及保辦公處互推責任起見，擬比
照前頒各省鄉鎮區公所及保辦公處兩暫行員額
編制數規定，區公所為實際執行業務機關，至
於保辦公處則為協助區公所辦理事務機關，不
負實際執行責任；

四、前三項規定擬飭於東北各省動員戡亂期間適
用之；

五、該市楊官及榆樹兩區界域尚待劃定，所請將其
區公所暫擬撤銷一節擬予照准；

六、該市政府原擬所屬各區區公所區等級劃分情形
核尚可行，擬准辦；」該處所擬是否可行，敬
請公決。

決議：照辦。

四、兼主任委員交議據秘書處農田水利處會擬整理農田
水利法規意見是否可行請討論案。

據秘書農田水利兩處會簽稱「前奉諭就現行東北單
行規章重加整理等因，業經遵辦，關於農田水利
法規部份除『東北木材供應暫行辦法』、『林木採

伐步驟』、『東北森林保護暫行辦法』業經先後
廢止，『清理偽滿興農合作社興農金庫農產公社
原則』、『東北各縣市旗設置農產物交易暫行辦
法』、『東北九省合作事業推進辦法』三種法規正
在草擬，修正條文容另專案呈核外，謹先就其餘農
田水利法規章則擬具整理意見，呈請核奪」等情，
茲抄附原簽整理意見表一份，是否可行，敬請公決
（附整理意見表一份）。

整理法規（農田水利部份）意見

法規名稱	整理辦法	說明
東北各省敵偽開拓田復耕緊急辦法	擬請繼續適用	刻下各省敵偽開拓田尚多未能依法清理，在未清理之前為增加生產，免使荒蕪起見，似仍應按照本辦法施行。
東北事業工人轉業農墾辦法	擬請修正下列各條： 二、三兩條擬併為一條條文如下：「由東北行轅政務委員會令飭各省市政府就轄區內之公私營農場及合作農場等儘量收容轉業工人」。 六、（依次改為第五）擬改為：「凡收容轉業工人之農場，其農具不足供應時，得呈由該省市政府轉請農業輔導機關予以補助」。	

法規名稱	整理辦法	說明
遼南菓園經營暫行辦法	擬請修正下列各點： （1）標題「暫行」二字依國府公佈之現行法規整理原則八點規定應刪去。 （2）二、業務範圍（一）促進生產一項擬改為：「各菓園應酌量實際需要施行剪枝施肥噴藥等項工作，工作計劃於每年春耕開始前由遼南菓園管理委員會擬定之」。 （3）設置機構項下遼南菓園管理委員會組織章程：第二條擬改為「本會設委員七人至十二人，由遼寧省政府就東北行轅政務委員會東北房地產管理局、農林部東北農事試驗場等機關及地方人士聘任之」。第八條「除會計人員呈由東北行轅經濟委員會遴派外」一句，應改為「除會計人員呈由東北行轅政務委員會遴派外」。 （4）五、經費籌措項下擬改為：「所需經費除管理所管理費由東北行轅政務委員會指定列入遼寧省預算外，所需經費應依東北農貸計劃經遼寧省政府擔保由管委會承借統籌分配，其額數按直營合營或託營由管委會分別擬定呈由東北行轅政務委員會核定之」。（一）（二）（三）三項應刪去。 （5）六、利益分配項下擬改為：「菓園如得利益於年度終了時按下列比例分配之」。（一）（二）（三）三項照舊。末段「經濟委員會」應改為「政務委員會」字樣。	
東北農村合作事務局組織規程	擬請廢止	東北農村合作事務局及其分支機構業經明令撤銷，其組織規程已失其存在意義。
東北農村合作事務局各省分局組織通則	擬請廢止	機構撤銷業，已失其存在意義。
東北各縣市（旗）農村合作社組織通則	擬請廢止	機構撤銷業，已失其存在意義。
東北敵偽事業資產統一接收委員會農務委員會組織規程	擬請廢止	該會業已撤銷。

　　決議：修正通過：遼南菓園經營辦法整理意見（3）項
　　　　「東北房地產管理局」改為「東北敵偽產業處
　　　　理局」。

五、兼主任委員交議關於商務施政方案經濟研究會業經
　　審查竣事據擬審查意見一份是否可行請討論案。
　　關於第四次全體委員會議商務施政方案一案經決議
　　「交經濟研究會審查」等語，茲經經濟研究會審
　　查竣事，擬具審查意見前來，是否可行，敬請公決
　　（附審查意見一份）。

審查意見

一、關於總則之意見
　　第三項之後擬加一項「實施對匪經濟作戰」。
四、關於關內外貿易者第三項之意見
　　特產品之輸出固可由政府機關統籌收購，但對一般
　　商人亦不應加以限制，以免壓抑價格，妨礙增產。
九、關於對匪經濟作戰者第二項之意見
　　對於匪區封鎖應嚴屬執行，不應特許與匪交易換購
　　物資，以表示與匪不妥協之精神。
右各項是否有當，擬請提會討論施行。
決議：與輸出許可案合併審查。

六、兼主任委員交議據蒙旗復員委員會簽請指撥專款由
　　蒙旗復員協進會運售糧食救濟難民案如何辦理請討
　　論案。
　　據蒙旗復員委員會簽呈稱「據東北蒙旗復員協進
　　會、蒙古旅瀋同鄉會三十六年十月聯銜會呈略稱
　　『共匪迭次竄擾，蒙胞罹害最深，計先後逃亡來
　　瀋曾在本會登記者不下八百人，近日復有增多之
　　勢，加以糧價暴漲，無不恐慌萬狀，如不施予急

救，誠難倖存，頃見報載行轅政委會規定東北難民救濟辦法曾有得向政府呈請撥給救濟資金之規定，蒙旗難胞喜如再生，本會謹依眾望擬請轉請行轅逾格施恩，准撥流通券貳千伍百萬圓，俾赴四鄉採購食糧運售，以其餘潤急救災民，並可保持原資持久運營，且亦為疏暢本市糧源之一助也，除施救辦法另行規劃呈報外，理合具文呈請至懇轉請行轅鑒核施行，實為德便等情，據此查該東北蒙旗復員協進會等所請發給購糧資金，以其餘潤急救蒙古難胞一節，既可疏暢本市糧源，又可救濟難民，一舉兩得，似屬可行，理合簽請鑒核撥發並乞批示祇遵』等情，經交據政務處簽稱『奉交據蒙旗復員委員會簽以蒙古難胞來瀋日多，請撥流通券貳千五百萬元作為運售食糧資金，以其餘潤急救災民等情，查以營運貿易為難民救濟方法，是否可行』，又依照東北各省市縣旗難民救濟實施辦法第三項之規定，難民救濟應由各地方政府統一辦理，蒙胞自亦包括在內，應否另撥專款，均應請示，刻奉院撥東北救濟會餘款及加撥救濟費共法幣五十億元亟待分配，究竟可否從中酌撥，及其數目若干，未便擅擬，理合檢呈原案簽請鑒核提請本會常委會議核奪示遵」等情，如何辦理，敬請公決。

決議：特撥救濟費一千萬元。

七、兼主任委員交議據文化處簽擬「東北青年中學組設辦法草案」及「東北匪區青年招致工作計劃草案」

各一種是否可行請討論案。

據文化處簽呈稱「查松北聯中等校改組為東北青年中學之隸屬及經費問題，業經第三十一次常務委員會議議決『青年中學仍隸屬所在省市經費，列入各該省市政府預算不足之數，由國庫補助款項未到前由本轅墊撥』在案，惟該議決案與前訂定之『東北匪區青年招致及教育工作改進方案』稍有抵觸，為計劃實施週密起見，茲依據該議決案擬具『東北青年中學組織辦法』及『東北匪區青年招致工作計劃草案』加以補充，以利進行，至前方案有效部份仍繼續施行，是否有當，理合檢具該兩項草案各一份簽請鑒核示遵」等情，是否可行，抄附原呈草案各一份敬請公決。

東北青年中學組織辦法

一、本辦法依據東北行轅政務委員會第三十一次常務委員會議議決案訂定之。

二、改組松北聯五中學、安東省立臨時中學、遼寧省立臨時中學、興安省立蒙旗中學為東北青年中學，廢除地名番號，改為數字番號，由所在地之省市政府辦理，其改編次序如左：

    1. 遼寧省立臨時中學二校改組為東北第一、二青年中學，仍由遼寧省政府續辦。

    2. 安東省立臨時中學二校因學生人數眾多，仍分兩校辦理，改組為東北第三、四青年中學，交由瀋陽市政府接辦。

    3. 興安省蒙旗中學改稱東北蒙旗青年中學，仍由

興安省政府辦理。

4. 松北聯立中學六校交由長春市政府辦理，其番
號俟改組後再行編定。

三、松北聯立中學、安東臨時中學、遼寧省立臨時中
學、興安蒙旗中學及松北聯立中學校務委員會一律
限於三十七年二月底以前結束及交接完竣。

四、各校三十七年二月以前之經費除遼寧省臨時中學自
行清理外，餘由各該省市教育廳局辦理報銷。

五、東北青年中學除儘先收容東北青年招訓總隊分發之
學生外，得於學期開始自行招生。

六、東北青年中學教育方針應與政治、經濟、國防諸建
設密切配合，逐漸調整，除酌留數校辦理普通中學
外，其餘各校得參照建設計劃及社會需要限期改為
各種職業技術學校，其教育計劃由各該省市政府擬
具呈核。

七、青年中學除按教育法令辦理外，並加強政治訓練及
勞動服務，嚴格實施軍事管理。

八、青年中學經費按照省市立中等學校標準列入各該省
市政府預算，不足之數由國庫補助款項未到前，由
本轅墊撥。

九、青年中學學生主副食費除按照所在地省市立中等學
校標準辦理外，因學生家庭淪陷，經濟來源斷絕，
其書籍及服裝費得列入預算。

十、本辦法呈奉核定後施行。

東北匪區青年招致工作計劃草案

一、總則

　　1. 東北匪區青年招致工作自三十七年度起設東北
　　　 青年招訓隊辦理之，期能提高工作效率，增加
　　　 戡亂力量。

　　2. 東北青年招訓隊隸屬東北行轅政務委員會政治
　　　 訓練委員會，統一招訓匪區來歸學生並統籌其
　　　 升學與就業。

　　3. 青年招訓隊組織大綱及訓練計劃另定之。

　　4. 青年招訓隊於三十七年二月正式成立。

　　5. 招訓學生以年在十五歲以上二十五歲以下，具
　　　 有小學以上畢業程度由匪區來歸者為限。

　　6. 招訓地點暫劃下列兩區：

　　　（1）瀋陽區辦理遼寧、遼北、安東三省及大連市
　　　　　 之青年招訓事宜。

　　　（2）長春區辦理吉林、松江、合江、嫩江、黑龍
　　　　　 江、興安六省及哈爾濱市之青年招訓事宜。

　　7. 於瀋陽、長春兩地視招致人數多寡分別設置青
　　　 年招訓大隊或總隊。

　　8. 各青年招訓隊得在接近前線地帶設置青年招待站，
　　　 並成立秘密招致小組深入匪區進行招致工作。

　　9. 招訓事宜應與黨政軍有關機關密切聯繫。

　10. 訓練期間暫定為三個月遇必要時得延長之。

　11. 訓練內容著重軍事訓練及政治訓練，以改造其生
　　　 活確定其思想。

　12. 訓練期滿後按下列辦法分發之：

（1）為適應動員戡亂之需要，得就受訓青年中選拔優異設立持動訓練班訓練之。

（2）適於升學者於學期開始時分發各青年中學。

（3）不適於升學者得就其學能分發有關部門工作或編入軍隊服役。

13.青年招訓隊之經費由各該隊按照實際需要編具預算呈報本會轉請行政院撥發之。

14.青年招訓隊編制及所需官佐由政治訓練委員會訂定並簽派之。

15.本辦法呈奉核准後施行。

決議：修正通過：東北青年中學組設辦法第五條改為「東北青年中學以收容東北青年招訓總隊分發之匪區學生為限，不得自由招生」第八條「……由國庫補助」句改為「由國庫專案補助，省市政府不得挪作別用」，東北匪區青年招致工作計劃第十條「暫定為三個月」句改為「暫定為六個月」，第十二條第（3）項改為「不適於升學者得令其從事各種生產事業」。

八、兼主任委員交議關於東北各省政府三十七年度施政準則一案業經審查竣事請再討論案。

查本會第四次全體會議關於東北各省市政府卅七年度施政準則一案，經決議推朱常委懷冰、馬委員毅、張委員振鷺審查，並請朱常委召集等語紀錄在案，茲經朱常委等於本月三日上午十時會同審查審查意見為「擬請照原案通過」，是否可行，敬請公決。

決議：照原案通過。

九、兼主任委員交議據政務處簽擬東北各機關團體留用
　　日籍技術員工辦法草案一種是否可行請討論案。

　　據政務處簽呈稱「據留用日籍技術員工管理處呈以
　　行政院頒行『管理各機關團體徵用日籍技術員工
　　辦法』與前交東北行營訂行『東北日籍技術員工留
　　用實施辦法』有抵觸，今後東北日籍員工之管理擬
　　仍適用行營制定之實施辦法，可否請核示等情，按
　　『管理各機關團體徵用日籍技術員工辦法』係規定
　　地方行政機關對其轄域內留用技工如何管理，『東
　　北日籍技術員工留用實施辦法』係規定技工如何留
　　用，立法意旨並不相同，亦無抵觸之處，惟查『東
　　北日籍技術員工留用實施辦法』未經呈奉中央核准
　　備案，核其內容復有部份不適用，今後為緊密各地
　　方管理機關與技管處聯繫起見，實有亟待修改之必
　　要，茲經就該實施辦法分別增刪改名為『東北各機
　　關團體留用日籍技術員工辦法』，擬一面報備一面
　　公布施行」等情，是否可行，敬請公決。（附草案
　　一份）

東北各機關團體留用日籍技術員工辦法

一、東北各機關團體留用日籍技術員工（以下簡稱技
　　工），除法令另有規定外，悉依本辦法辦理。

二、技工留用依左列標準行之：

　　1. 事業不能中斷，其技術無人接替者；

　　2. 其技術為我國目前所缺乏者；

3. 非留用不能為業務上之清理者；

4. 情形特殊，有留用之必要者。

三、技工留用、解雇、遣送及期滿續用統由留用機關團
體造具名冊送東北行轅政務委員會留用日籍技術員
工管理處（以下簡稱技管處）轉請東北行轅政務委
員會核准行之。

四、經核准留用之技工除由技管處製發特許服務證外，
留用機關團體並須將該項技工及其家屬填送名冊一
份，送當地警察機關或縣市旗政府登記，留用期滿
經核准繼續留用時亦同。

五、留用之技工以擔任技術工作為限，不得派充經理、
廠長等行政職務。

六、留用技工之待遇以比照我國同等職務人員之待遇給
予為原則。

七、留用技工得免服勞役。

八、留用技工現住地之管理由各該管警察機關或縣市旗
政府依照行政院頒行「管理各機關團體徵用日籍技
術員工辦法」辦理之。

九、本辦法自公布日施行，並呈報行政院備案。

決議：通過。

十、兼主任委員交議據政務處簽擬東北各省市縣旗政
府被俘公務員保留薪給辦法草案一種是否可行請
討論案。

東北各省市縣旗政府被俘公務員保留原薪給辦法

一、為激勵忠貞，發揚正氣，並保障被俘公務員眷屬生

活起見，特制定東北各省市縣旗政府被俘公務員保
留原薪給辦法。

二、本辦法所稱之公務員係指各省（院轄市）縣市旗政
府現編制以內之各級職員。

三、東北各省市縣旗政府公務員臨陣不屈，城陷被俘，
而仍盡忠國家，經左列機關核定確屬實在者，其眷
屬生活艱難得報請保留支給原支薪給：

甲、省級人員（特別市同）由東北行轅政務委員會
核定支給；

乙、縣級人員（市旗同）由各該屬省政府核定支給；
前項報請支給眷屬以配偶或直系血親二親等以
內親屬為限。

四、各級被俘公務員以保留原職原薪為原則，但其原職
不能保留時，其原薪給得由各該省市或縣市旗政府
預算內第二預備金項下開支。

五、奉令撤退之各縣（市旗）政府如經費無著時，其被
俘人員所應保留薪給得由各該屬省補助縣（市旗）
經費項下支給。

六、有左列情形之一者不得報請保留原支薪給：

甲、城陷前逃亡被俘者；

乙、城陷後逃亡不明者；

丙、被俘後附匪者。

七、被俘公務員獲釋後，停止保留原支薪給，但得申請
各該屬機關復職或另派工作。

八、縣級被俘公務員（市旗同）經由各該省政府核准保
留原支薪給後，仍須將其姓名、級職、年齡、籍貫

以及被俘經過等項詳細列冊，報請東北行轅政務委
員會備查。

九、本辦法自公佈日起施行。

決議：通過。

十一、兼主任委員交議據工商處簽請撥售食糧維持煙
　　　台煤礦員工食用案是否可行請討論案。

　　　據工商處簽呈稱「案准資源委員會煙台煤礦子哿
　　　代電開『查本礦此次撤退情形前經詳報在案，並
　　　奉行轅政委會代電已轉請行轅核辦各在案，本礦
　　　為收復計，現正分飭各部份整備復工工作，惟本
　　　礦員工警隊及家屬計一萬二千六百名，此次撤退
　　　以事出倉卒，均隻身來瀋，儲積蕩然，月餘以
　　　來，賴本礦少數存糧供給兩餐，現儲米已罄，購
　　　買困難，全礦員工警隊及家族每日需大米一千零
　　　五斤、高粱米六千三百斤，將無以為繼，際茲行
　　　將復工之時，以安定人心為第一要義，擬請在未
　　　復工以前暫由物調會配售大米三萬一千五百斤、
　　　高粱米十八萬九千三百斤，以濟目前食用，以俟
　　　礦區恢復再按前請每月工食高粱米一百五十噸接
　　　濟，特電請查照見覆』等語，經查本案曾據該礦
　　　以子冬代電請求到會，當經轉令物調會辦理各在
　　　案，茲據物調會子馬代電復稱『所飭配撥煙台煤
　　　礦工人食糧一項，因本會現存食糧配售瀋市公教
　　　員工十二月份應配數量尚感困難，該礦所請撥
　　　售工食高粱一五〇噸如此鉅數，目前實屬無力供

應，除已逕復煙台煤礦見原外，理合陳請鑒核轉
飭該礦知照為禱」等情前來，查煙台煤礦員工此
次撤退來瀋，生計維艱，自屬實情，該礦目前行
將復工，為安定人心及礦務前途計，似應設法維
持本案，擬再飭物調會核撥，可否之處，敬祈核
示」等情，是否可行，敬請公決。

決議：保留。

十二、兼主任委員交議據財務工商兩處會擬獎勵購運
　　　食糧入境辦法草案一種是否可行請討論案。
　　　據財務、工商兩處會簽稱「查東北目前需要食糧
　　　甚殷，亟應設法鼓勵各公私團體及一般商民前
　　　往內地採購，以足供求，茲擬定獎勵購運食糧
　　　入境辦法草案一種隨簽附呈，敬祈鑒核施行」
　　　等情，是否可行，抄附原擬辦法草案一份，敬
　　　請公決。

東北行轅政務委員會獎勵購運食糧入境辦法草案

第一條　　東北行轅政務委員會（以下簡稱本會）為獎
　　　　　勵公私團體及商民前往內地購運食糧入境，
　　　　　充裕民食起見，特訂定本辦法

第二條　　本辦法所稱食糧係指下列各品類：
　　　　　一、大米
　　　　　二、麵粉
　　　　　三、小麥
　　　　　四、玉蜀黍
　　　　　五、小米

六、穀子

第三條　凡前往內地購運食糧得請由本會發給購運證
　　　　明書（附式）。

第四條　凡前往內地購運食糧於請發購運證明書時，
　　　　應述明擬往採購地點採購食糧品類、數量、
　　　　運輸路線及預計到達日期，如為商民請求
　　　　者，並應檢具當地糧食同業公會證明。

第五條　向內地採購食糧由，本會分行糧食部及各產糧
　　　　區地方政府憑本會購運證明書予以採購便利。

第六條　食糧運輸由本會分行各交通機關，憑本會購
　　　　運證明書優先託運。

第七條　購糧款項由本會分行各國家行局，憑本會購
　　　　運證明書優先承匯。

第八條　本會認為有必要時，得商由國家行局舉辦購
　　　　糧貸款，其辦法另定之。

第九條　本辦法自公佈之日施行。

國民政府主席東北行轅政務委員會食糧購運證明書

　　　　　　　　　　　　　　　　字第　　　號

茲據　　　　　呈以擬前往　　　　採購

運來東北供應員工充裕民食經本區食糧缺乏購運食糧入
境確有需要合行給予證明此證

　　　　　　　　　右給兼主任　　　收執

中　華　民　國　　　　年　　　月　　　日

　　　　　　　　　　　　　　限　　個月有效

附註：

一、憑此證請當地地方政府及糧政機關予以採購便利並

准予轉口。

二、憑此證請各交通機關予以優先託運。

三、憑此證請國家行局予以優先匯款便利。

決議：通過。

十三、兼主任委員交議據工商處簽請調整各礦煤價案如何辦理請討論案。

據工商處簽呈稱「查關於調整煤價一案，業經先將撫順煤礦價調整為每噸易高粱米五十市斤，並由會撥救濟費十萬元，其他各礦煤價則尚未調整，茲據本溪煤鐵公司呈請調整前來，查本溪現為撫順礦以外唯一產煤之礦，每日運瀋平均在一千二、三百噸以上，於煤炭供應關係匪淺，目下物價高漲，產煤成本增加，各礦情形大致皆同，自應量予提高煤價以資維持，茲擬比照撫煤易物辦法，其他各礦煤價調整為每噸易高粱米五十市斤，另由會每噸撥救濟費伍萬元，此項救濟費不計入煤價之內，以免影響物價並按供應量及發電用煤為準，自本年元月一日起實行，可否之處，理合檢同各礦成本分析表簽請鑒核示遵」等情，如何辦理，敬請公決。

決議：照辦，自二月起實行。

十四、兼主任委員交議據物調會簽呈改組辦法並擬物資調節局組織規程草案一種請予核備等情是否可行請討論案。

據物調會簽呈稱「案奉鈞會三十七年一月十六
日務主人字 6534 號訓令飭將本會改為物資調節
局，並派綽菴代理局長，限一月底改組完畢具
報等因，自應遵照，茲謹將辦理情分陳如次：

一、擬訂東北物資調節局組織規程草案組織系統
　　表、編制表、薪級表各一份，擬請核定，俾
　　資遵循。

二、總稽核及稽核人員擬請迅予核派，以期加
　　強監察制度。

三、所屬糧食、煤炭、木材、紗布等供應處及
　　五金器材保管處擬於本月底裁併。

四、編餘人員擬請准予編入政工大隊。

五、改組日期訂於三十七年二月一日起實行。

以上各節簽請鑒核示遵」等情，是否可行，抄附
原擬組織規程一份、編制表一份，敬請公決。

東北物資調節局組織規程草案

第一條　東北物資調節局（以下簡稱物調局）隸屬於
　　　　國民政府主席東北行轅政務委員會辦理必要
　　　　物資及東北地區公教員工生活必需品之購
　　　　運、儲備、交換、調撥及配售等業務。

第二條　物調局設局長一人、副局長二人，均由政務
　　　　委員會簡派之。

第三條　物調局設左列各處室：

　　　　一、調節處

　　　　二、供應處

　　　　三、儲運處

四、秘書室

五、會計室

六、研究室

以上各處室按事實需要情形分科辦事。

第四條　調節處辦理左列事項：

關於燃料之調查及採購事項；

關於糧食之調查及採購事項；

關於木材與五金器材之調查及採購事項；

關於花紗布之調查及採購事項；

關於雜品之調查及採購事項；

關於物物交換及比值之擬定事項。

第五條　供應處辦理左列事項；

關於物資配售及價格之審議與調整事項；

關於物資配撥數量之計核事項；

關於物資供求情況之調查事項。

第六條　儲運處辦理左列事項：

關於物資之運輸事項；

關於物資品質之檢定及數量之驗收事項；

關於物資之加工事項；

關於物資之儲備及保管事項；

關於物資之警衛事項。

第七條　秘書室辦理左列事項：

關於人員之任免遷調登記及考核事項；

關於文書之收發譯電、繕校案卷及印信保管
事項；

關於財物之購置管理及房屋土地之保管與營

　　　　　繕工程事項；

　　　　　關於員工之福利事項；

　　　　　關於現金之出納事項。

第八條　　會計室辦理左列事項：

　　　　　關於款項調度運用及預決算編擬與審核事項；

　　　　　關於賬目登記、會計報告編製及賬冊憑證保
　　　　　管事項；

　　　　　關於收付款項事前審核、本局及所屬機構賬
　　　　　據事後審核及物資採購財產損毀事項；

　　　　　關於物資成本計算及業務盈虧決算事項。

第九條　　研究室辦理左列事項：

　　　　　關於物資調節之編著譯述發佈及有關技術之
　　　　　調查與研究事項；

　　　　　關於統計資料蒐集整理及圖表編製事項。

第十條　　物調局設處長三人、副處長三人至六人、主
　　　　　任三人、副主任三人至六人、科長二十五
　　　　　人、科員六八人至九五人、辦事員一四三人
　　　　　至一七五人、雇員三六人至四八人。

第十一條　物調局設專門委員五人至七人，負責業務
　　　　　之設計或臨時指定之重要事項。

第十二條　物調局設秘書三人至五人，負責業務之聯
　　　　　繫或機要文件事項。

第十三條　物調局設專員八人至十人，視各處室工作
　　　　　之繁簡臨時指派協助工作。

第十四條　物調局設總稽核一人、稽核四人至六人，
　　　　　均由政務委員會派充負責業務之考核及賬

款之審核。

第十五條　物調局職員任用權限規定於左：

（一）簡、薦任薪級人員（除稽核人員外），由物調局報請政務委員會核派。

（二）委、雇薪級人員，由物調局派用或雇用，按月終報請政務委員會核備。

第十六條　物調局各級人員薪級表另定之。

第十七條　物調局為加強物資調節之功效，於重要地區得設辦事處、託運所、交換所、煤場、倉庫等附屬機構，其組織規程由物調局另定之。

第十八條　物調局為儲運物資之安全得設警衛大隊，其組織規程由物調局另定之。

第十九條　物調局每月開局務會議一次，決定各項主要業務之施行原則，其議決事件除由局長執行外，並報請政務委員會核備。

第二十條　物調局所議事項如與各機關有關係時得邀請派員列席。

第廿條　物調局會議規則及辦事細則由物調局另定之。

第廿二條　本規程如有未盡事宜得隨時呈請修正之。

第廿三條　本規程有政務委員會公佈之日起施行。

東北物資調節局編制表

處室別	職別	員額	任級	職掌
	局長	1	簡一－三級	綜理局務
	副局長	2	簡一－三級	協理局務
	專門委員	5-7	簡四－七級	業務設計及指定事項
	秘書	3-5	薦一－三級	業務聯繫及機要事項
	專員	8-10	薦一－三級	臨時指派事項
調節處	處長	1	簡四－七級	綜理處務
	副處長	1-2	簡七－薦三	協理處務
	科長	6	薦一－三級	分別綜理燃料糧食材料紗布雜品交換各科科務
	科員	18-20	委一至十級	分別辦理調節處各科事務
	辦事員	30-35	委八至十六級	分別辦理調節處各科事務
	雇員	6-8	雇一至三級	登記及填報表冊事務
供應處	處長	1	簡四至七級	綜理處務
	副處長	1-2	簡七至薦三級	協理處務
	科長	3	薦一至十二級	分別綜理計核分配調查各科科務
	科員	10-15	委一至十級	分別辦理供應處各科事務
	辦事員	25-35	委八至十六級	分別辦理供應處各科事務
	雇員	6-8	雇一至三級	登記繕寫事務
儲運處	處長	1	簡四至七級	綜理處務
	副處長	1-2	簡七至薦三級	協理處務
	科長	5	薦一至十二級	分別綜理運輸檢驗加工倉儲警衛各科科務
	科員	10-15	委一至十級	分別辦理儲運處各科事務
	辦事員	30-35	委八至十六級	分別辦理儲運處各科事務
	雇員	6-8	雇一至三級	登記及繕寫事務
秘書室	主任	1	簡四至七級	綜理室務
	副主任	1-2	簡七至薦三級	協理室務
	科長	5	薦一至十二級	分別綜理人事文書事務福利出納各科科務
	科員	10-15	委一至十級	分別辦理秘書室各科事務
	辦事員	30-35	委八至十六級	分別辦理秘書室各科事務
	雇員	8-10	雇一至三級	繕寫及登記事務
會計室	主任	1	簡四至七級	綜理室務
	副主任	1-2	簡七至薦三級	協理室務
	科長	4	薦一至十二級	分別綜理財務賬務審核成本各科科務
	科員	12-20	委一至十級	分別辦理會計室各科事務
	辦事員	20-25	委八至十六級	分別辦理會計室各科事
	雇員	6-8	雇一至三級	登記及抄寫報表事務

處室別	職別	員額	任級	職掌
研究室	主任	1	簡四至七級	綜理室務
	副主任	1-2	簡七至薦三級	協理室務
	科長	2	薦一至十二級	分別綜理編譯統計各科事務
	科員	8-10	委一至十級	分別辦理研究室各事務
	辦事員	8-10	委八至十六級	分別辦理研究室各事務
	雇員	4-6	雇一至三級	登記及抄寫事務
稽核室	總稽核	1	簡四至七級	綜理業務稽核
	稽核	4-6	薦一至十二級	助理業務稽核
合計		308-394		

局長一、副局長二－三、專門委員五－七、秘書三－五、專員八－十、處長三、主任三、副處長三－六、副主任三－六、總稽核一、稽核四－六、科長二五、科員六八－九五、辦事員一四三－一七五、雇員三六－四八。

決議：與敵偽產業處理局及生產局兩機構組織規程案併請高常委、王常委、鄒常委審查，各有關單位主管列席，由高常委召集。

丙、散會

東北行轅政務委員會
第三十四次常務委員會議紀錄

時　間　三十七年二月七日上午九時

地　點　瀋陽本會三樓會議廳

出席人　王副主任委員樹翰　高常務委員惜冰
　　　　王常務委員家楨　　鄒常務委員作華

列席人　彭秘書長濟羣　吳主任委員瀚濤
　　　　楊局長綽菴（張委員松筠代）
　　　　劉主席慕曾　　魏局長鑑
　　　　徐處長鼐　　　甯處長嘉風
　　　　崔處長垂言（王副處長天民代）
　　　　杜處長春宴（王副處長慶齡代）
　　　　許處長文國　　崔處長宗培
　　　　陳會計長秉炎　吳處長中林

主　席　王副主任委員樹翰

紀　錄　楊仲揆　斐定遠

甲、報告事項

乙、討論事項

一、兼主任委員交議關於公教人員待遇調整後東北區如
　　何實施案經王常委等審查竣事附審查意見一份請討
　　論案。
　　　關於公教人員待遇調整東北區如何實施案，經第五
　　次全體委員會議決議「推王常委、高常委、王委

員、張委員、韓委員、吳委員、彭委員、梁委員及
洪代主席會同審查」等語紀錄在卷，茲經王常委等
於本月六日上午十時開會審查擬具審查意見，是否
可行，敬請公決。（附審查意見一份）

審查意見

一、新待遇自一月份起實施，二月內補發一月份，三月
　　內補發二月份。

二、物調會配給品類增加油鹽。

三、無價配給三市斗中等白米部份暫緩議。

四、緊縮組織部份一月份已實行緊縮者不議，未實行緊
　　縮者照規定緊縮。

決議：照審查意見通過。

二、兼主任委員交議本會及附屬單位暨省市超編人員參
　　加第一期受訓而未報到或體格檢查不合格者擬請處
　　理辦法請討論案。

決議：照辦。

三、兼主任委員交議據農田水利處簽擬「東北各省合
　　作事業推進辦法草案」及「東北各縣市旗合作社
　　聯合社籌備處組織簡則草案」各一種是否可行請
　　討論案。

　　據農田水利處簽呈稱「查推進東北各省市合作事業
　　前經本行轄制定東北九省合作事業推進辦法公布施
　　行，並據以設立東北農村合作事務局各在案，茲以
　　該局及其分支機構裁撤，該辦法自應予以修正俾符

實際，為使該局資產不致失散，業務不致中斷，並便於三十五、六年度各項農貸之收回及本年農貸能於春耕前按照預定辦法發放俾免貽誤農時起見，經制定『東北各省市合作事業推進辦法草案』及『東北各縣市旗合作社聯合社籌備處組織簡則草案』各一件，擬即由會明令公布實施並同時廢止本行轅前頒『東北九省合作事業推進辦法』，是否可行，理合檢具原辦法一份及修正草案二份簽請鑒核，並提交常會討論」等情，是否可行，抄所擬草案二份，敬請公決。（附草案二份）

東北各省市合作事業推進辦法草案

第一條　國民政府主席東北行轅政務委員會（以下簡稱本會）為推進東北各省市合作事業，特依照中央法令參酌東北實際情形訂定本辦法。

第二條　東北各省市合作事業之推進除法令另有規定外，悉依本辦法辦理。

第三條　東北各省市之合作行政在省由該省建設廳設科辦理，在市由該市社會局設合作指導室辦理，未設社會局者，合作指導室改設於民政局。

第四條　東北各縣（市）（旗）合作行政由各該縣（市）（旗）政府建設科合作股辦理，至合作業務發達之縣（市）（旗）得改設指導室直隸於縣（市）（旗）政府。

第五條　東北各縣（市）（旗）合作社之登記事務由各該縣（市）（旗）政府辦理。

第六條　東北各縣（市）（旗）政府應依縣各級合作

社組織大綱組織各該縣（市）（旗）各級合
作社，並準用綏靖區合作事業實施辦法之規
定辦理之。

各縣（市）（旗）合作社聯合社未成立前，
各該縣（市）（旗）政府為接管各該縣（市）
（旗）前農村合作社及偽滿興農合作社之資
產及業務，得成立各該縣（市）（旗）合作
社聯合社籌備處，其組織簡則另定之。

第七條　前東北農村合作事務局所接收之敵偽興農合
作社之資產應全部撥交縣（市）（旗）各級
合作組織使用，是項資產即作為政府對各該
合作社所認購之輔導股產權仍屬公有，其估
價及劃撥事宜由各縣政府層請本會核定之。

第八條　東北各省縣（市）（旗）政府為使縣（市）
（旗）各級合作組織健全發展，得遴聘地方
熱心合作人士為各社理監事，其名額理事以
不超過各該社理事名額之四分之一，監事以
不超過各該社監事名額之三分之一為原則，
代表輔導股推進社務。

鄉鎮合作社之輔導股理監事由縣（市）（旗）
政府遴聘之，縣（市）（旗）合作社聯合社
之輔導股理監事由所屬省政府遴聘之。

第九條　東北各縣（市）（旗）各級合作組織盈餘之
分配應依綏靖區合作事業實施辦法第十八條
之規定辦理。

第十條　東北各省（市）政府為統籌各該省（市）合

作業務得視事業需要專案呈准設置各該省
（市）合作社物品供銷處。

第十一條　　中央合作金庫東北分庫及社會部全國合作
　　　　　　社物品供銷處東北分處應就資金及業務方
　　　　　　面切實輔導各級合作組織之發展。

第十二條　　各級合作組織得視事實需要呈准本會酌量處
　　　　　　理所接管之偽滿興農合作社資產之一部，以
　　　　　　其收入撥作合作事業專款，其處理及專款保
　　　　　　管辦法另定之。

第十三條　　縣（市）（旗）各級合作組織應以農業推
　　　　　　廣及物品供銷為中心業務，配合政府經濟
　　　　　　政策，靈活運用，以達增加生產調節供求
　　　　　　之目的。

第十四條　　東北各市及公務機關應普通組設市民消費
　　　　　　合作社及機關員工消費合作社負責，分配
　　　　　　政府配售物資並供應社員生活日用物品。

第十五條　　各公營事業機關及金融機關之業務應與各
　　　　　　級合作組織切取聯繫，以配合戡亂工作達
　　　　　　成經濟作戰之任務。

第十六條　　東北各省（市）政府為推進各縣（市）
　　　　　　（旗）各級合作組織得成立合作工作隊分
　　　　　　赴各縣（市）（旗）推進組社工作，必要
　　　　　　時並得由本會派員參加。

第十七條　　東北各省市各級合作組織各種登記之丙聯根
　　　　　　單應由各省市主管機關彙送本會初審加註意
　　　　　　見抄存副本後，彙報中央主管部備案。

第十八條　本辦法由東北行轅政務委員會公布施行，並送社會部備查修正時間。

東北各縣（市）（旗）合作社聯合社籌備處組織簡則草案

第一條　東北各縣（市）（旗）合作社聯合社籌備處組織簡則（以下簡稱本簡則）依東北各省（市）合作事業推進辦法第六條之規定訂定之。

第二條　東北各縣（市）（旗）合作社聯合社籌備處（以下簡稱縣（市）（旗）聯社籌備處）由縣（市）（旗）政府依照本簡則之規定組織之。

第三條　東北各縣（市）（旗）聯社籌備處受縣（市）（旗）政府之指導監督辦理，接管前農村合作社及偽滿興農合作社之資產及業務，並輔導推進基層合作組織。

第四條　東北各縣（市）（旗）聯社籌備處設主任一人由各該縣（市）（旗）長兼任之，總理處務，副主任一人由前農村合作社經理充任之，其未設農村合作社之縣（市）（旗）由各該縣（市）（旗）政府遴派合作專門人員充任之，襄理處務。

第五條　東北各縣（市）（旗）聯社籌備處設左列兩組：

甲、總務組掌理左列事項：

　　一、關於文書、庶務、出納、監印等事項；

　　二、關於前農村合作社之資產物品接收、清理、保管及處理事項；

　　三、關於未經前農村合作社接收之偽滿

興農合作社之資產物品、接收、清
理、保管及處理事項；

四、其他有關總務事項。

乙、業務組掌理左列事項：

一、關於農貸之收回及發放事項；

二、關於偽滿興農合作社之債權債務清
理事項；

三、關於鄉（鎮）保合作組織之輔導推
進事項；

四、關於縣市旗合作社聯合社之籌組
事項；

五、關於接辦前農村合作社經辦之農產
物交易場事項；

六、關於各級合作組織物品供銷事項；

七、關於農業推廣事項；

八、關於接辦前農村合作社之未了業務
事項；

九、其他合作社法所規定舉辦之事項。

第六條　東北各縣（市）（旗）聯社籌備處置組長二人、
會計員二人、組員四至八人，分掌各項事項。
上列人員均以調用縣（市）（旗）政府及有關
機關之職員為原則，必要時得設置專任人員。

第七條　已收復地區之各縣（市）（旗）聯社籌備處
應於文到一日內組設成立，新收復之縣（市）
（旗）應於收復後一個月內組設成立。

第八條　各縣（市）（旗）聯社籌備處籌備期間定為

六個月，但籌備處應於成立後三個月內組成，各該縣（市）（旗）收復地區鄉鎮數二分之一之鄉鎮合作社並以上列各社為單位社，於六個月內成立縣（市）（旗）聯合社。

第九條　　各縣（市）（旗）聯合社成立後各該縣（市）（旗）聯社籌備處應即撤銷，其業務資產人員等項移交縣（市）（旗）聯合社繼續辦理。

第十條　　各縣（市）（旗）聯社籌備處經費以自給自足為原則，但初成立時得由縣（市）（旗）政府暫先墊借。

第十一條　　各縣（市）（旗）聯合社籌備處之業務資金由合作及農業金融機關貸給之，各該縣（市）（旗）政府並得呈准以地方公款酌予撥貸運用。

第十二條　　各縣（市）（旗）聯合作社籌備處之業務進行狀況應按月編造報告書，呈由各該縣（市）（旗）政府轉報省政府備查。

第十三條　　本規程由國民政府主席東北行轅政務委員會公佈施行。

決議：交經濟研究會研究呈核。

四、兼主任委員交議據政務處簽擬政治工作隊統一編組要領一種是否可行請討論案。

決議：照辦。

丙、散會

東北行轅政務委員會
第三十五次常務委員會議紀錄

時　間　三十七年二月十一日上午九時

地　點　本會三樓會議廳

出席人　王副主任委員樹翰　高常務委員惜冰

　　　　王常務委員家楨　鄒常務委員作華

列席人　張主任委員振鷺　吳主任委員瀚濤

　　　　楊局長綽菴（張副局長松筠代）

　　　　劉主任慕曾　魏處長鑑

　　　　徐處長鼎　甯處長嘉風（郭副處長寶珠代）

　　　　崔處長垂言（王副處長天民代）

　　　　杜處長春宴（王副處長廣齡代）

　　　　崔處長宗培　許處長文國（關科長承烈代）

　　　　吳處長中林（李副處長慕韓代）

　　　　陳會計長秉炎

主　席　王副主任委員樹翰

紀　錄　楊仲揆　斐定遠

甲、報告事項

乙、討論事項

一、兼主任委員交議據政務處擬具東北各軍政機關接管
　　敵偽非法處分之民地清理意見四項是否可行請討
　　論案。

　　據政務處簽呈稱「查東北各軍政機關接管敵偽非法

處分之民地多不依法會同清理發還，復不補辦徵收手續，以致地權清理工作一再延宕，未能依限竣事，茲為加速完成清理工作，保障人民產權計，擬具東北各軍政機關接管敵偽非法處分之民地清理意見四項，擬請鈞座提會討論決議後再報請行政院令飭駐東北各軍政機關嚴切遵辦，限期完竣，可否之處，敬乞核示」等情，抄附所擬意見一份，是否可行，敬請公決。（附意見一份）

東北各軍政機關接管敵偽非法處分之民地清理意見四項

一、土地權利之清理由縣市政府執行，其業經各軍政機關接管者限於一個月內編造清冊，一律移交縣市土地權利清理委員會審議，依法清理。

二、各軍政機關接管敵偽非法處分之民地在未依法補辦徵收手續前，除各該機關直接利用部份暫准管有使用外，其餘土地應分別發還原業主或飭繳價領回，不得招佃放租。

三、各軍政機關接管之土地統限於三十七年四月底以前清理完竣。

其有繼續使用之必要合於土地法第二○八、二○九兩條之規定者，應於前項規定期限內完成補徵手續，逾期未奉核准徵收者一律依法發還原業主。

其合於土地法第二一三條之規定辦理保留徵收者，應於四月底以前呈奉核准並應先行發還原業主管業。

四、各軍政機關徵收敵偽非法處分之私有土地應予補償之地價，以現時法定地價為準，其尚未依法規定地價者，由該管縣市地政機關估計送請縣市土地權利

清理委員會評定公佈之。

前項應補償之地價得以原業主所得敵偽價款，按規定地價時之物價指數折合法幣抵充現款，如有不足再以現款發補。

被徵定著物之補償辦法準依前兩項之規定辦理。

東北各軍政機關接管敵偽非法處分之民地數目表

接管及使用機關		第六補給區營產管理處	空軍第一軍區司令部	東北運輸總局
接收單位數		268 處	139 處	164 處
房產數	工廠房產			
	軍營房產	145,121 間	842 棟	
	一般房產			
地產數	軍用土地	259,235.95 市畝	156,837.8 市畝	
	建築物基地			930.49 市畝
	一般畊地			19,401.23 市畝
合計	房產	145,121 間	842 棟	
	地產	259,235.95 畝	156,837.8 畝	20,331.72 畝

接管及使用機關		房地產管理局	生產管理局	總計
接收單位數		1,043 處	1,367 處	2,981 處
房產數	工廠房產		1,102 棟	1,102 棟
	軍營房產			842 棟 145,121 間
	一般房產	9,385 棟		9,385 棟
地產數	軍用土地			416,073.75 畝
	建築物基地	42,744.08 市畝	5,018.51 市畝	48,693.08 畝
	一般畊地			19,401.23 畝
合計	房產	9,385 棟	1,102 棟	11,329 棟 145,121 間
	地產	42,744.08 畝	5,018.51 畝	484,168.06 畝

備考：

一、本表係就接管較多之重要軍政機關調查者。

二、表列數目因限於調查時間，先就概數統計容再詳密調查補正。

三、第六補給區及空一軍地產面積包含房產所佔土地
面積。

四、生產局及房產局之基地面積係根據房產棟數估計
而得。

五、本表係僅就已收復地區所接管者。

決議：推鄒常委、高常委、王常委審查，張局長振鷺、
徐處長列席，由鄒常委召集。

二、兼主任委員交議蒙旗復員委員會簽請設立遼蒙熱蒙
兩地區宣撫特派員案經行轅第二處簽具意見前來如
何辦理請再討論案。

據蒙旗復員委員會簽呈稱「查本會前以加強對蒙宣
撫工作，擬請設立遼蒙、熱蒙兩地區宣撫特派員辦
事處一案，經再簽奉鈞座提交第二十八次常務委員
會議議決『送請行轅第二處簽具意見送會再議』等
因紀錄在卷，職遵將原簽送請行轅第二處簽具意見去
後，頃准該處元月二十二日函開『頃准貴處送來一
月十九日函附簽請設立遼蒙、熱蒙宣撫特派員辦事
處囑簽提意見等由，茲將本處對該案意見分述於後：

一、對蒙胞加強宣撫工作，促其醒覺，欣然歸順政
府，參加建國戡亂之策略極表同意；

二、設立特派員辦事處一節，若為加強宣撫工作，
掌握派遣工作人員與轉達政府意旨之前進連絡
機構，似屬必要，惟所需宣撫人員應以選派蒙
胞中有德望、有號召能力者，深入蒙旗工作人
員應以選派有膽識、有路線、有工作熱誠、忠

　　　　黨愛國者為合格，以期收獲實效，不宜採用其
　　　　他人員，至設立地點及數目無何意見；
　　三、查宣撫蒙旗工作與策反工作關係至大事先宜
　　　　有詳密具體計劃，策反蒙匪宣撫蒙胞，雙管齊
　　　　下，按照計劃逐步實施，隨實爭取利用當地自
　　　　然領袖人物以擴大效果，工作人員尤須先予訓
　　　　練，使其具備應有工作知識；
　　四、如該項機構簽准設立，請隨時與本處切取聯
　　　　繫，以便呼應進行；
　　以上四項可否採行，仍請卓核」等由前來奉令前
　　因，理合檢呈原案簽請鑒核，提請本會常委會議核
　　奪示遵」等情，如何辦理，敬請公決。

決議：保留。

三、兼主任委員交議敵偽產業處理局生產局及物資調節
　　局組織案經高常委等審查竣事抄附審查意見一份是
　　否可行請討論案。
　　查關於敵偽產業處理局生產局及物資調節局組織規
　　程草案經本會第三十三次常委會議決議「由高常
　　委、王常委、鄒常委審查，各有關單位主管列席，
　　由高常委召集」等語，經高常委邀集王常委、鄒常
　　委、張主任委員、洪代主席、張副局長及有關單位
　　共同審查擬定審查意見如左：

一、物資調節局

  1. 調節處改購換處。

  2. 原編制人數計為三〇八－三九四人，擬改為三〇八－三二〇人。

  3. 處長、室主任、專門委員、總稽核薪級原列簡四至簡七，擬改為處長簡五至簡八，副處長簡八至薦三，專門委員與處長同，室主任與處長同，副主任與副處長同。

二、處理局

  1. 原編制人數為四四一人，擬改為三九六－四二〇人。

  2. 原擬設置秘書處，擬改為秘書室。

  3. 處長、副處長、室主任、副主任、專門委員薪級擬與物調局同。

三、生產局

  1. 原擬編制人數一七〇－二〇八人，擬改為一七〇－一九〇人。

  2. 處長、副處長、室主任、副主任、專門委員薪級擬與物調局、處理局同。

  3. 原列工程師、副工程師、助理工程師照舊，技正取消。

  4. 工程師階級比照副處長。

  5. 原列專門委員三人，增為四至六人。

以上所擬是否可行，敬請公決。

行政院訓令

　　　　　　節京嘉乙三八二八號　三十五年七月三日

　　奉國民政府三十五年六月十二日處京字第四五號訓令開：「據本府主計處三十五年六月六日處會字第五五號呈為本處暨審計部前奉召開審計會計工作檢討會議，經遵於三十五年二月十三日起舉行，同月十六日閉會，其中交通部電信總局會計處長宗賢俊提議請政府明令各機關凡已派主計人員之機關，其佐理人員名額經呈准或在該機關組織規程內明白規定者，所有各該佐理人員之任免、遷調、考績、獎懲，所在機關不得加以干涉，又凡會計事務之工作應併入會計機構辦理，並於該機關組織規程內明確規定之，案經決議請政府通令各機關切實遵照主計法令施行，不得故違等語紀錄在卷，理合敘述案由呈請明令各機關遵照辦理，以重計政等情應，准照辦除指令並分行外，合行令仰遵照並轉飭所屬一體遵照」等因，奉此除分行外，合行令仰遵照，此令。

　　　　　　　　　　　　　　　　　院長　宋子文

解決各機關主計機構原則三點

　　　　　　國防最高委員會第一四六次常會修正備案

一、各機關應設會計統計人員，其等級、員額由各主管機關於擬訂組織法規時先行函商主計處，將其商洽結果規定於各該機關組織法規中。

二、主計處對於各該機關組織法規所定主計人員之員額編制有變更必要時，商同原機關依法修改組織法規。

三、現有各機關主計部份之組織規程一律廢止，原有編

制及員額由主計處會商各該機關併入其本組織內依
法調整或修改組織法規，其人員之任用仍應依照主
計人員任用條例辦理。

修改及制定各機關組織法規有關主計部份條文四項辦法

國防最高委員會國紀字第四八九二五號公函備案

一、對於各機關新設置或變更主辦會計統計人員職稱等
級及佐理人員名額等，由主計處與各該主管部會署
商定訂入所在機關組織法規，並於公文書內述明洽
商情形，一面由主管部署呈送行政院，一面由主計
處函達行政院，如其組織法規須經立法程序者，並
由行政院送立法院審議，呈請國民政府公布施行，
如其組織法規無須經過立法程序者，即由行政院公
布施行。

二、各機關設置主辦會計統計人員，經主計處與主管部
會商定送由行政院轉送立法院審議，及呈國民政
府公布期間內，本處認為有先行籌備成立或變更
之必要時，得依設置各機關歲計統計人員條例先
行辦理。

三、各機關業經設置主辦會計統計人員在先，而所在機
關組織法規修改在後，有未將主辦會計統計人員現
在職稱等級及佐理人員名額列入者，由主計處商請
主管部會署呈請行政院修改組織法規，將主辦會計
統計人員之現在職稱等級及佐理人員名額列入，或
完成立法手續，同時由主計處函知行政院。

四、各機關送行政院組織法規，其公文書內並未明白述
及其組織法規內有關主辦會計統計人員之條文係與

主計處洽商有案者。仍由行政院函知主計處洽商
辦理。

主計人員任用條例

三十二年十二月二十三日國民政府修正公布

第一條　主計人員之任用除法律另有規定外，依本條
　　　　例行之。

第二條　本條例所稱主計人員謂辦理歲計、會計或統
　　　　計之主管官、會計人員及統計人員。

第三條　主計官、會計長、統計長、會計主任、統計
　　　　主任、會計員、統計員為主辦人員，餘為歲
　　　　計、會計或統計佐理員。

第四條　主管官應就具有左列各款資格之一者，各按其
　　　　關於歲計、會計、統計之學歷分別任用之：

一、現任或曾任主計官經銓敘合格者。

二、現任或任會計長或統計長一年以上經銓
　　敘合格者。

三、在教育部認可之國內外大學或獨立學院
　　專修主計學科畢業，並在各官署曾任與
　　簡任職相當之歲計、會計或統計職務五
　　年以上著有成績者。

四、在教育部認可之國內外大學或獨立學院
　　專修主計學科畢業，並在公營事業機關
　　主辦與簡任職相當之歲計、會計或統計
　　職務五年以上著有成績者。

五、在教育部認可之國內外大學或獨立學院充
　　專任教授講授主計學科五年以上，並於主

計學術有特殊之著作經審查合格者。

第五條　會計長或統計長應就具有左列各款資格之一
　　　　者，各按其關於歲計會計統計之學歷經歷分
　　　　別任用之：

　　　　一、現任或曾任會計長或統計長經銓敘合
　　　　　　格者。

　　　　二、現任或曾任簡任職之歲計會計或統計職
　　　　　　務一年以上經銓敘合格者。

　　　　三、現任或曾任最高級薦任職之歲計、會計
　　　　　　或統計職務三年以上經銓敘合格者。

　　　　四、在教育部認可之國內外大學或獨立學院
　　　　　　專修主計學科畢業，並在各官署曾任與
　　　　　　簡任職相當之歲計、會計或統計職務四
　　　　　　年以上著有成績者。

　　　　五、在教育部認可之國內外大學或獨立學院
　　　　　　專修主計學科畢業，並在公營事業機關
　　　　　　主辦與簡任職相當之歲計、會計或統計
　　　　　　職務四年以上著有成績者。

　　　　六、在教育部認可之國內外大學或獨立學院
　　　　　　充任專任教授主計學科四年以上，並於
　　　　　　主計學術有專門著作經審查合格者。

第六條　薦任職會計主任或統計主任應就具有左列各
　　　　款資格之一者，各按其關於歲計、會計、統
　　　　計之學歷經歷分別任用之。

　　　　一、經高等考試會計、統計、審計或財務行
　　　　　　政人員考試及格，或與高等考試相當之

特種考試會計、統計、審計或財務行政
人員考試及格，並辦理或實習歲計、會
計或統計事務一年以上成績優良者。

二、現任或曾任薦任職之會計主任或統計主
任經銓敘合格者。

三、現任或曾任薦任職之歲計、會計或統計
職務一年以上經銓敘合格者。

四、現任或曾任最高級委任職之歲計、會計
或統計職務三年以上經銓敘合格者。

五、在教育部認可之國內外專科以上學校專
修主計學科畢業，並在各官署曾任與薦
任職相當之歲計、會計或統計職務三年
以上著有成績者。

六、在教育部認可之國內外專科以上學校專
修主計學科畢業，並在公營事業機關曾
任與薦任職相當之歲計、會計或統計職
務三年以上著有成績者。

七、在教育部認可之國內外專科以上學校教
授主計學科三年以上，並於主計學術有
專門著作經審查合格者。

八、領有會師證書者並繼續執行會計師業務
一年以上成績優良經審查合格者。

薦任職會計、統計佐理人員之任用資格適用
前項之規定。

第七條　委任職會計主任、統計主任或會計員、統計
員應就具有左列各款資格之一者，各按其關

於歲計、會計、統計之學歷經歷分別任用之：

一、經普通考試會計、統計、審計或財務行政人員考試及格，或與普通考試相當之特種考試會計、統計、審計或財務行政人員考試及格，並辦理或實習歲計會計或統計事務一年以上者。

二、現任或曾任委任職會計主任或統計主任或會計員、統計員經銓敘合格者。

三、現任或曾任委任職之歲計、會計或統計職務一年以上經銓敘合格者。

四、在教育部認可之國內外專科以上學校畢業曾修主計學科之一種，並在各官署或公營事業機關曾任與委任職相當之歲計、會計、統計職務二年以上者。

五、在教育部認可之國內外專科以上學校畢業，經中央或省市政府主計機關訓練合格，並曾任歲計、會計、統計職務二年以上者。

六、在教育部認可之國內外專科以上學校專修會計或統計畢業，並曾任委任職之會計、歲計或統計職務一年以上者。

七、經銓敘合格之委任職公務員，經原服務機關保送至中央或省市政府主計機關訓練合格者。

八、在主管教育機關認可之高級職業學校商科畢業或高級中學畢業曾修主計學科二

　　　　　年以上，並在官署或公營事業機關辦理
　　　　　會計或統計職務三年以上者。

九、在主管教育機關認可之高級中學畢業，
　　曾受主計機關認可六個月以上之會計或
　　統計訓練畢業，並辦理歲計、會計或統
　　計事務三年以上者。

十、在主管教育機關認可之高級中學以上學
　　校講授主計學科三年以上者。

十一、領有會計師證書者。

第八條　委任職會計、統計佐理人員應就具有左列各
　　　　款資格之一者，各按其關於歲計、會計之學
　　　　歷經歷分別任用之：

一、經普通考試會計、統計、審計或財務行
　　政人員考試及格，或與普通考試相當之
　　特種考試會計、統計、審計或財務行政
　　人員考試及格者。

二、現任或曾任委任之歲計、會計或統計職
　　務經銓敘合格者。

三、在教育部認可之國內外專科以上學校畢
　　業曾修主計學科之一種者。

四、在教育部認可之國內外專科以上學校專
　　修會計或統計畢業者。

五、在主管教育機關認可之高級職業學校商
　　科畢業或高中學畢業曾修主計學科二種
　　以上，並在官署或公營事業機關辦理歲
　　計、會計或統計職務一年以上，或經中

央或省市政府主計機關訓練合格者。

六、在主管教育機關認可之高級中學畢業曾
在主計機關或各機關主計部份辦理歲計
會計或統計職務二年以上，或經中央或
省市政府主計機關訓練合格者。

七、在主管教育機關認可之高級中學畢業曾
受主計機關認可六個月以上之會計或統
計訓練畢業，並辦理歲計、會計或統計
事務一年以上者。

八、在主管教育機關認可之中等以上學校講
授會計或統計二年以上者。

縣市政府所屬各機關會計員統計員資格得適
用前項之規定。

第九條　具有左列各款資格之一者，得任為低級委任
職會計、統計佐理人員：

一、在主管教育機關認可之高級中學畢業並
曾修主計學科或曾受專門主計訓練得有
證書者。

二、在主主管教育機關認可之高級職業學校
商科畢業並辦理歲計、會計或統計事務
六個月以上者。

三、在主管教育機關認可之初級職業學校商
科畢業，並曾受主計機關認可六個月
以上之會計或統計訓練畢業，並辦理會
計、歲計或統計事務一年以上者。

四、在主管教育機關認可之中等以上學校講

授會計或統計一年以上者。

五、現充各級政府主計機關或各機關主計部
　　份之雇繼續辦理歲計、會計或統計事務
　　三年以上成績優良現支最高薪額者。

第十條　主計處歲計局佐理人員之任用資格適用關於
　　　　會計佐理人員之規定。

第十一條　簡任職主計人員之任用由國民政府交銓敘部
　　　　　審查合格後任命之，薦任職主計人員之任用
　　　　　由國民政府主計處送銓敘部審查合格後呈薦
　　　　　之，中央機關各省政府及院轄市政府主計機
　　　　　關中，委任職主計人員之任用由國民政府主
　　　　　計處送銓敘部審查合格後委任之。

　　　　　省市政府所屬各機關省轄市政府縣政府其
　　　　　所屬各機關中，委任職主計人員之任用由
　　　　　各該省市政府主計機關送銓敘機關審查合
　　　　　格後呈請國民政府主計處委任之。

第十二條　委任職主計人員之職務有一定期間者，得
　　　　　由各主管機關分別規定任用，期限依前條
　　　　　第二項第三項所定程序委任之，期滿解職
　　　　　並轉報銓敘部備案。

第十三條　委任職主計人員經依法任用後，如調任其
　　　　　他機關之同官等主計職務時，得免送銓敘
　　　　　機關審查，但仍應報請查核登記。

第十四條　公營事業機關及中等以上公立學校主計人員
　　　　　之任用，其名稱等級與簡任、薦任、委任相
　　　　　當者，得適用第五條至第九條之規定。

第十五條 主計人員之官等官俸除法律另有規定外，應分別比照所在政府或機關所定俸給標準定之。

第十六條 主計人員除法律另有規定外，非受懲戒處分、刑事處分或禁治產之宣告不得免職。

第十七條 各級政府主計機關或各機關主辦基本國勢調查或各項調查抽查臨時所需統計調查人員，其任用資格得於各該統計方案內定之，不受本條例之限制。

第十八條 本條例未規定事項適用公務員任用法之規定。

第十九條 本條例施行細則由銓敘部會同國民政府主計處規定之。

第二十條 本條例自公布日施行。

決議：照審查意見修正通過：一、物資調節局（3）「……原列簡四至簡七，擬改為處長簡五至簡八，副處長簡八至薦三」句改為「……原列簡七至簡四，擬改為處長簡八至簡五，副處長薦三至簡八」，二、會計室主任改為薦任。

四、兼主任委員交議關於商務施政方案經高常委等審查竣事抄附審查意見一份是否可行請討論案。

關於商務施政方案前經第三十三次常委會議決議「與輸出許可案合併討論」等語，旋經高常委邀集王常委、馮常委及財務、工商、交通各處處長會同審查，擬定審查意見，是否可行，敬請公決。

（附審查意見一份）

審查意見

甲、關於商務施政方案

　　一、一之一項「自由貿易」四字刪除。

　　二、一之三項後加列第四項「實施對匪經濟
　　　　作戰」。

　　三、四之三項修正為「輸出商貨原則上均不受限
　　　　制，但其大量輸出將影響本區經建事業發展
　　　　者，得隨時視需要情形予以適當限制」。

　　四、九之二項修正為「一切商貨均禁止通過封鎖
　　　　線，但因特殊需要，經以特准文件准許攜帶
　　　　之物品（或金銀）不在此限」。

乙、關於輸出許可案

　　查原辦法係將輸出商貨分為自由輸出、許可輸出、
禁止輸出等三類，許可輸出類商貨須憑運入紗布、麵粉
等證件申請許可，寓意當在促進關內外物資交流，惟目
前本區缺乏物品與關內價差已甚巨大，無促進交流之必
要，是項辦法反對輸出商貨有所阻礙，應予修正，一般
商貨應僅分列自由輸出及禁止輸出兩類，除因維護本區
經建事業必須加以限制之商貨一律准予自由輸出外，原
擬「商貨出入調節辦法」、「輸出商貨類別表」、「輸
出商貨檢查辦法」、「違反輸出許可檢扣物資處理辦
法」均本上述原則加以修正如附件。

商品出入調節辦法審查修正草案

第一條　　東北行轅政務委員會為調節東北物資以安定
　　　　　民生及輔助工礦復工起見，依照動員戡亂完

成憲政實施綱要第六條之規定訂定本辦法。

第二條　本辦法適用於東北對國內其他各地貿易。

第三條　輸出品分下列兩種：禁止輸出類，二、自由輸出類。

第四條　凡未列入禁止輸出類之物品均可自由輸出。

第五條　禁止輸出類其品目隨時公佈之。

第六條　禁止輸出類因公營機關之需要或其他正式民營工廠確因製造需要，並經當地經濟部工商輔導處出具證明書得填具特許輸出申請書，呈經本會特許後辦理托運輸出。

第七條　紗布、麵粉、大米、雜糧、火油、汽油、白報紙、麻袋及其他經本會獎勵輸入之物品所需購運證明書得申請發給之。

第八條　各種商貸除法令另有規定者外在東北收復區內一律自由運輸，惟屬於禁止輸出類物品西運者僅限錦西為止。

第九條　本辦法自公佈日起施行。

禁止輸出物品類別表

1. 非鐵金屬類

   鋁、鋼、鉛、錫、鋅及銅合金之工業材料及廢料均禁止輸出。

2. 鋼鐵類

   氧氣瓶、空鐵筒、鋼板、鐵板、鋼管、鐵管、合金鋼。

3. 機械工具類

   發電機、電動機、球軸承、各種工作母機。

4. 電工器材類

　　所有電力、電燈、電訊及無線電用裝置及
　　材料一律禁止輸出。

5. 化工材料類

　　硝酸、鉻鹽類、火硝、硫磺、各種化學肥
　　料、炸藥、顏料、染料、石炭酸。

6. 林產類

　　一切木料。

7. 大豆、水銀及苦味酸另案辦理。

輸出商貨檢查辦法審查修正草案

第一條　　東北行轅政務委員會（以下簡稱本會）為防
　　　　　止商貨出入調節辦法所規定之禁止輸出類各
　　　　　種物資（以下簡稱商貨）私運東北境外起見，
　　　　　特訂定本辦法。

第二條　　輸出商貨檢查事宜由本會指定之檢查機關派
　　　　　員於必要地點辦理之。

第三條　　禁止輸出類之商貨起運時應持同本會核發之
　　　　　特許輸出申請書三份送由起運地點檢查機關
　　　　　查驗，一份存檢查機關，一份由檢查機關寄
　　　　　呈本會，一份由檢察機關加蓋「驗訖」戳後
　　　　　交還貨主隨貨出境。

第四條　　檢查機關應驗明輸出商貨品類數量與本會核
　　　　　發之特許輸出申請書所載相符及核准印鑑無
　　　　　訛後方能放行。

第五條　　檢查機關如察覺輸出商貨內容不符或私運禁
　　　　　止輸出類商貨時，應予檢扣，並於二日內報

請本會處理。

第六條　檢查輸出商貨時間以不妨礙車船開行之時間為原則。

第七條　海關稅局為稽查稅收應與檢查機關在同一地點辦公及在同時間抽查為原則，以利商運。

第八條　本辦法自公布之日起施行。

違反禁止輸出規定檢扣物資處理辦法審查修正草案

第一條　東北行轅政務委員會（以下簡稱本會）為處理違反禁止輸出規定被檢扣之各項物資（以下簡稱商貨），特訂定本辦法。

第二條　本辦法內所稱禁止輸出物資係指「商貨出入調節辦法」內規定之禁止輸出類商貨而言。

第三條　凡經檢扣違反禁止輸出規定之各項商貨，除法令另有規定者外，依本辦法處理之。

第四條　領有本會核發之特許輸出申請書於特許範圍以外摻雜未經列載之他種商貨或超過核定數量企圖朦混者，其摻雜或超過核定數量部份一概予以沒收，並由檢查機構報憑本會估售需用本項商貨之機關及工廠，或經本會核准後予以變賣，以所得價款百分之二十提充獎金，其餘百分之八十解交本會繳入國庫，如有須償付處理，該項商貨所需倉儲運雜各費時，得在解交數內憑據扣抵。

第五條　未領有本會核發之特許輸出申請書而圖將商貨運往東北境外經查獲後一律沒收，按前條後段之規定處理之。

第六條　凡企圖運往匪區經在封鎖邊界查獲或雖領有特許書而與所請路線相反運輸有走私行為者，無論何種貨物一律沒收，按本辦法第四條後段之規定處理之。

第七條　凡違反禁止輸出規定之商貨經在火車、汽車、輪船或飛機運輸途中被查獲時，無論何類貨物一律沒收，按本辦法第四條後段之規定處理之，並由檢驗人員查明起運站之負責人員職名報由本會通知其主管機關依法究辦。

第八條　本辦法自公布之日起施行。

決議：照審查意見修正通過：商品出入調節辦法審查修正草案第六條「經濟部工商輔導處」八字改為「省市政府」四字。

丙、散會

東北行轅政務委員會
第三十六次常務委員會議紀錄

時　間　三十七年二月十四日上午九時

地　點　瀋陽本會三樓會議廳

出席人　王副主任委員樹翰　　高常委惜冰

　　　　王常委家楨　　　　　鄒常委作華

列席人　彭秘書長濟羣　　張主任振鷺

　　　　吳主任煥章　　　　楊局長綽菴（張副局長松筠代）

　　　　劉主任慕曾　　　　魏處長鑑

　　　　徐處長鼎　　　　　宵處長嘉風

　　　　崔處長垂言　　　　杜處長春宴（王副處長廣齡代）

　　　　崔處長宗培　　　　許處長文國

　　　　陳會計長秉炎　　吳處長中林（李副處長慕韓代）

主　席　王副主任委員樹翰

紀　錄　楊仲揆　斐定遠

甲、報告事項

（略）

乙、討論事項

一、兼主任委員交議據吉林省梁主席簽請撥借糧貸七億
　　元是否可行請討論案。

　　　據財務處簽呈稱「案查吉林省前為籌購民食，曾經
　　本轅撥借流通券三億元作為購糧基金，嗣據該省府
　　請增撥糧貸七億元，本會以事應由人民自由籌款採

購，業經駁復，依據軍糧計核會及統一購糧核議會
元月十六日聯席會議紀錄主席指示第四項『吉林、
遼北兩省軍糧民食應自行就地設法購備』等語，並
經電令該省府遵照各在案，茲又據該省主席梁華盛
簽稱為解決民食以利城防起見，擬由本轅直接撥借
糧貸七億元語同前情，又稱或於吉林市設立物調會
等語，查吉市民糧純在糧源地帶廣狹問題，在較廣
地區苟能奉行自由流通原則，則糧食必大量進城，
否則於極端偏狹地區徒以大量資金搜購，恐其結果
徒致領導糧價上騰，而對於調節民食無多裨助，增
設機構亦恐今非其時，惟據稱關係城防，究應如何
辦理之處，未敢擅擬，理合簽請示遵」等情，如何
辦理，敬請公決。

決議：照簽辦理。

二、兼主任委員交議據政治訓練委員會簽擬蒙旗地方行
政幹部訓練綱要草案是否可行請討論案。

據政務訓練委員會簽呈稱「謹遵照第二十三次常務
委員會議第四項決議案擬定東北蒙旗地方行政幹部
訓練實施綱要草案，並經送請蒙旗復員委員會會核
同意，理合檢具原綱要草案一份簽請鑒核俯准提交
常會討論」等情，抄附原擬草案一份，是否可行，
敬請公決。

東北蒙旗地方行政幹部訓練實施綱要草案

壹、總則

一、本綱要依據東北行轅政治委員會第二十三次常務委

員會議第四項決議案訂定之。

二、凡東北蒙旗地方行政幹部之訓練事宜悉依本綱要之
規定辦理之。

貳、訓練目的

三、在配合動員戡亂之國策，務使受訓人員瞭解中央德
意，堅定三民主義信仰，增加政治認識，熟練組訓
技術，明曉業務政策，諳習鬥爭方法，恪遵工作紀
律，化除種族觀念，在同一目標同一步驟之原則下
實行政治戰，打擊共匪之陰謀與挑撥，以提高行政
效率，推進復員工作，健全基層政治，發展蒙旗地
方，建設鞏固邊防，完成後期革命之大業。

參、訓練方針

四、注重革命哲學之研究與力行養成受訓人員之革命
人生觀與冒險犯難之鬥爭精神，創立邊疆政治新
風氣。

五、注重國策政令之研究與執行及蒙漢各族之團結合
作，養成受訓人員之貫澈力，執行命令，注重技
術，以即知能行之精神建立行政新方法。

六、注重蒙旗現實問題之研究與解決，絕對矯正形式的
空洞的痼習，務使訓練與實際工作配合一致。

七、注重工作紀律之養成，絕對服從紀律，服從領導，
嚴戒遲疑，散漫鬆弛，凡言論行動悉以政策命令為
依歸，養成有大我無小我，為國防保邊疆之鬥士。

八、灌輸對於民主憲政之了解及提倡科學精神，以掃除
過去蒙旗封建思想及盲從迷信等觀念。

肆、訓練方式

九、訓練方式以實施集體自我教育為原則，運用互教共學方法提高研習精神，其方式如左：

甲、課堂教學，就各項業務由講師授以概念，根據事實提出問題，解答問題，同時製成實施方案，尤注重基層幹部行政技術之培養，由受訓人員互相講述經驗，提出研討資料。

乙、分組討論，按照受訓人員數業別分為若干組，擬定問題或實施方案，發交研究並派員出席指導。

丙、業務實習，擬定業務實習計劃，指定適當地區舉行業務實習，特別注重實施之技術是否切合現實，完成任務。

丁、專題作業，就研究所得之地方實際情形分別擬製工作方案以為實施時之依據。

伍、訓練內容

十、訓練內容分精神、政治、業務、軍事各項訓練及訓育實施，其訓練重點與時間分配依左列標準定之：

甲、精神訓練，在使受訓人員化除種族畛域偏見，以養成國家統一之崇高思想，堅定匪逆必平，建國必成之信心，以冒險犯難貫澈任務之精神與習勞耐煩誠懇說服之氣度，約佔全部訓練時間百分之八。

乙、政治訓練，在使受訓人員明瞭三民主義之真諦，認識國際及本國之大勢，了解共匪之陰謀與東北蒙旗目前之政治任務，特別注重本國史

地之講解，以增進蒙旗青年國家意識，服務地
方能力與志願負起後期革命戡亂平逆之使命，
約佔全部訓練時間百分之九。

丙、業務訓練，注重受訓人員本位工作理論與實際
相適合，滌除消極的形式推拉的公文主義，關
於各項業務之推行均須於訓練期間製成整套方
案，俾作將來推行業務之準則，約佔全部訓練
時間百分之五十。

丁、軍事訓練，在使受訓隊員具備軍事常識，游擊
戰術，使用武器，並養成健強體魄與軍人生活
之習慣，約佔全部訓練時間百分之十二。

戊、訓練實施，注重受訓人員思想訓練，課業考
核，生活指導，康樂活動，以培養健全身心，
輔導課餘活動為主，約佔全部訓練時間百分之
二一。

陸、受訓人員

十一、受訓人員分調訓與招訓兩種

甲、調訓人員

1. 盟旗政府之秘書、科長、科員、指導
員、督學、警察局、科長、股長、巡
官、科員、技士。

2. 盟旗民眾自衛隊人員包括民眾自衛總隊
附、總隊長、總隊副中隊長、幹事。

3. 盟旗保安大隊人員包括大隊長、副大隊
長、大隊附、中隊長、分隊長。

4. 區（努圖克）村（愛力）幹部包括區村

　　　　長、副區村長、區村中心、國民學校校
　　　　長教員。

　　　　調訓人員佔每期人數約百分之七十。

　　乙、招訓人員

　　　　1. 登報公開招收相當於高中畢業以上學歷
　　　　　或曾任盟旗政府科長以上職務之人員。

　　　　2. 第一期學歷經歷暫加限制，以後視實際
　　　　　情形隨時變更。

　　　　3. 公開招收學員須填具蒙籍軍職少校以
　　　　　上、文職薦任以上二人或蒙旗機關團體
　　　　　之保證書，證明確係蒙旗籍，以免冒籍
　　　　　而違訓練之宗旨，招訓人員約佔每期人
　　　　　數百分之三十。

十二、每期受訓人員以二百人為限，將來視情形需要
　　　得酌予增減之。

　　　第一期暫設地方行政、教育行政及會計三組，
　　　各組名額規定如左：

　　　甲、地方行政組訓練一百人，計調訓七十人、
　　　　招訓三十人。

　　　乙、教育行政組訓練六十人，計調訓四十二
　　　　人、招訓十八人。

　　　丙、會計組訓練四十人，計調訓二十八人、招
　　　　訓十二人。

柒、訓練期間

十三、地方行政、教育行政及會計三組訓練期間均定
　　　為三個月，必要時得報請延長之。

捌、訓練課程

十四、第一期各組訓練課程分一般訓練課程與專業訓
練課程。

玖、訓練機關

十五、在東北地方行政幹部訓練團未成立前，得委託
中央訓練團東北分團訓練。

拾、訓練經費及受訓人員待遇

十六、所需訓練經費由訓練機構編造預算，呈由東北
行轅政務委員會核撥之。

十七、調訓人員經甄審合格者，在訓練期內除由訓練
機關供給膳宿服裝外，仍留原職及原薪，並由
原服務機關酌給來程旅費，訓練機關酌給回程
旅費，招訓人員在訓練期內得由訓練機關供給
膳宿服裝。

十八、受訓人員受訓期滿考核成績及格者，由訓練機
關發給結業證書，並造具受訓人員考核成績冊
分別呈報本行轅政務委員會，及函送原服務機
關或分發機關參考。

拾壹、受訓人員之任用與分發

十九、調訓學員以回原任為原則，成績優異者得予提
升或晉級，成績低劣者分別予以降職或免職，
招訓學員由政務委員會分發各盟蒙旗地方政府
及有關機關服務。

二十、受訓人員及格分發或回任應受任期之保障，不
隨主管長官為去留，非有重大過失呈經上級主
管機關核准者不得撤換，如有擅行撤換情形，

　　　　　被撤換人得聲述事實呈請上級主管機關核辦。

二一、受訓人員如無故不回原任或不遵分發工作時，
　　　調訓者由原服務機關追賠其公費損失，招訓者
　　　由原保證人負責賠償，並呈報本行轅政務委員
　　　會通令各省市機關永不錄用。

拾貳、附則

二二、教育實施計劃另定之。

二三、本綱要經核定後施行。

決議：通過。

三、兼主任委員交議據政務處主任委員辦公室會擬「政
　　治工作隊人員敘俸辦法草案是否可行請討論案。
　　　據政務處及主任委員辦公室會簽稱「查單位超編制
　　人員之薪給因原服務機關核敘時寬嚴不一，尤以軍
　　職人員原職多未經國防部任職有案，比敘時每失之
　　過寬，為求公允並杜浮濫起見，擬一律從新核敘，
　　茲謹擬具政治工作隊隊員敘薪辦法一種以資準繩，
　　是否可行，理合簽請鑒核示遵」等情，是否可行，
　　敬請公決。（附草案一份）

東北行轅政務委員會政治工作隊人員敘俸辦法草案

一、曾經銓敘合格或其他合法登記合格者，照核定級支
　　俸，但高階低就者仍照現支俸額支給之，惟以不超
　　過現職或本階最高級俸額為限。

二、文職人員以組織法規定有員額等級，並經各該主管
　　上級機關委派有案具有證明文件者，照邊遠省份公
　　務員任用資格條例及公務員敘級條例計其實有年資

核敘階級。

三、武職人員經軍委會或國防部任職有案，未經銓敘部登記者參照軍用文職人員登記條例敘俸，其未經軍委會或國防部任職有案者，須核其歷任年資擬定其階級再比照文官敘俸，但上校階之科長、秘書以比照省府科秘階級為準。

四、凡過去黨務資歷經中央黨部或中央團部任職有案而未經銓敘部登記者，參照黨務工作人員從政資格甄審條例認定其級俸，其未經中央任職者須核計其歷任年資認定其相當等級予以計資。

五、凡非組織法所規定之暫派職務以及未具正式任職證件之資歷或超編制之俸級概不予採取。

六、本標準所未規定事項概依考銓法令辦理。

決議：通過。

四、兼主任委員交議關於東北各軍政機關接管敵偽非法處分之民地清理意見案業經審查竣事請再討論案。
查本會第三十五次常會討論關於東北各軍政機關接管敵偽非法處分之民地清理意見案經決議「推鄒常委、高常委、王常委審查，張局長（振鷺）、徐處長，列席由鄒常委召集」等語紀錄在卷，茲經鄒常委等於二月十二日下午三時會同審查，審查意見為「擬請照原案通過」，是否可行，敬請公決。

決議：照原案通過。

五、兼主任委員交議據農田水利處簽擬三十七年度農貸
　　計劃草案一種是否可行請討論案。

決議：通過。

六、兼主任委員交議據政務處簽擬修正政治工作隊編組
　　辦法草案及政治工作總隊組織規程草案各一份是否
　　可行請討論案。

　　據政務處等簽呈稱「查前政治工作隊第二期編組及
　　訓練座談會決定政工隊實行統一編組一案，經由
　　政務處召集有關單位商定統一編組要領十二項，並
　　提本會第三十四次常務委員會議通過在卷，茲依據
　　前項要領將原頒編組辦法及總隊部組織規程重新修
　　正完竣，擬請鈞座提會決議通飭遵照辦理，是否有
　　當，理合檢同修正後之編組辦法暨總隊部組織規程
　　連同各級隊部編制表暨原編組辦法與總隊部組織規
　　程及統一編組要領各一份，併請鑒核示遵」等情，
　　抄附原擬草案各一份，敬請公決。

東北行轅政務委員會政治工作隊編組辦法

一、東北行轅政務委員會為配合剿匪戡亂加強政治鬥爭
　　起見，特就各機關編制原有人員中挑選其精幹者編
　　組政治工作隊。

二、政治工作隊以三十人為一區隊，三區隊為一中隊，
　　三中隊為一大隊，其番號均以數字定之，為統一其
　　行動，設總隊部以統率之。

三、政治工作隊隊員之編組以隊員技能及任務為標準，
　　不以原屬機關及其地域為限。

四、政治工作隊總隊部直隸政務委員會，綜理全總隊事
　　務，各大隊設大隊部，承總隊部之命分別處理各大
　　隊事務。

五、政治工作隊總隊部設總隊長一人、副總隊長二人，
　　各大隊部設大隊長一人、副大隊長二人，各中隊及
　　區隊設中隊長及區隊長各一人。

六、總隊部及大隊部各置左列各組：

　　甲、總務組　掌理文書、人事、出納等事宜。

　　乙、政治組　辦理協助地方機關清查戶口、編組保
　　　　　　　　甲、組訓民眾、剿匪動員、難民救
　　　　　　　　濟、民軍合作、諜報勤務等之設計、
　　　　　　　　指導、考核事宜。

　　丙、經濟組　辦理協助地方政府對匪封鎖、吸收匪
　　　　　　　　區物資、遏制偽幣流通、策動保護交
　　　　　　　　通並破壞匪區生產事業等之設計、指
　　　　　　　　導、考核事宜。

　　丁、文化組　辦理闡揚三民主義、振奮民族精神、
　　　　　　　　揭發共匪罪行、宣傳政府行憲決心並
　　　　　　　　會同地方政府救濟失學青年、輔導文
　　　　　　　　化事業等之設計、指導、考核事宜。

　　前設各組各設組長一人，組員及辦事員各若干人，
　　以就隊員中調用為原則，辦理各項業務。

七、總隊部得設主任秘書一人，協助處理隊部事務，並
　　置會計組辦理全總隊會計事務，各大隊部得置會計
　　員辦理各大隊會計事務。

八、政治工作隊總隊長、副總隊長由政務委員會遴派，
　　各大隊、中隊及區隊隊長由總隊長就隊員中遴選報
　　請政務委員會派充，各級隊部職員除會計員外，由
　　總隊長遴派後報請政務委員會備查。

九、政治工作隊隊員先由中央訓練團東北分團訓練兩個
　　月期滿及格再分派各地工作。

十、政治工作隊隊員以按原任職級支發薪津為原則，但
　　為求待遇均等並杜浮濫起見，得由政務委員會重新
　　按照學歷、資歷及受訓成績工作能力另予調查。

十一、各級政治工作隊所需經費由總隊部編具預算報請
　　　政務委員會撥給之。

十二、政治工作隊所需服裝及武器均由政務委員會統籌
　　　發給之。

十三、政治工作隊隊員經編組確定後，非經報請政務委
　　　員會核准不得任意離隊。

十四、政治工作隊隊員各機關不得借調，如因特殊需要
　　　須商由總隊部轉請政務委員會核定之。

十五、政治工作隊隊員於原屬機關擴編時，得儘先回任
　　　原職或報請轉任其他機關服務。

十六、政治工作隊訓練綱要另定之。

十七、政治工作隊總隊部組織規程及各級隊部編制暨工
　　　作手冊另定之。

十八、本辦法自呈奉核定後施行。

東北行轅政務委員會政治工作隊總隊部組織規程

第一條　本規程依據東北行轅政務委員會政治工作隊
　　　　編組辦法第十七條之規定訂定之。

第二條　東北行轅政務委員會政治工作隊總隊部（以下簡稱本總隊部）隸屬東北行轅政務委員會，綜理政治工作隊全總隊事務。

第三條　本總隊部設總隊長一人，由東北行轅政務委員會主任委員指派兼任之，並置專任副總隊長一人，由主任委員指派充任，兼任副總隊長一人，以總隊部駐在省份之民政廳長兼任，襄助總隊長處理隊務。

第四條　本總隊部設主任秘書一人，承總隊長及副總隊長之命處理全總隊事務，秘書二人，承長官之命辦理指定事務。

第五條　本總隊部設左列各組：

　　　　一、總務組　掌理文書、人事、出納、庶務、典守、印信及不屬其他各組事宜。

　　　　二、政治組　設計並指導考核各級政治工作隊，協助地方政府辦理清查戶口、編組保甲、組訓民眾、救濟難民及諜報勤務等事宜。

　　　　三、經濟組　設計並指導考核各級政治工作隊，協助地方政府辦理對匪封鎖及吸收匪區物資、遏制偽幣流通、策動保護收復內交通並破壞匪區生產事業等事宜。

　　　　四、文化組　設計並指導考核各級政治工作隊，闡揚三民主義、宣傳政府行

憲決心、暴露共匪罪行、推進軍
民合作、鼓舞民眾、發動民力及
協助辦理救濟失學失業青年、輔
導發展文化事業等事宜。

五、會計組　辦理全總隊歲計、會計等事宜。
前設各組各設組長一人，組員若干人以由政
治工作隊隊員中調用為原則，但必要時得遴
員專任。

第六條　本總隊部為適應業務需要，得設督導員經常
巡迴督導各級政治工作隊事宜。

第七條　為期工作密切聯繫及迅速開展起見，各工作地
區之縣長為各該駐縣政治工作隊之指導員。

第八條　本總隊部之編制員額依附表（一）之規定。

第九條　本總隊部所轄各大隊部編制員額及各中隊組
織依附表（二）及（三）之規定。

第十條　本總隊部所轄各級政治工作隊工作地區以命
令定之。

第十一條　本總隊部所需經費編具預算報請東北行轅
政務委員會核撥之。

第十二條　本總隊部辦事細則另訂之。

第十三條　本規程自呈奉核定後施行。

附表（一）

東北行轅政務委員會政治工作隊總隊部編制表

職別		階級	員額	備考
總隊長		簡任	1	兼任
副總隊長		簡任	2	專任兼任各一
主任秘書		薦任或簡任	1	專任
秘書		薦任	2	以下人員均以調用政治工作隊隊員為原則如無適當隊員調用時得另行遴員充任
總務組	組長	薦任	1	
	組員	薦任 委任	3 8	
政治組	組長	薦任	1	
	組員	薦任 委任	2 6	
經濟組	組長	薦任	1	
	組員	薦任 委任	2 4	
文化組	組長	薦任	1	
	組員	薦任 委任	2 4	
會計組	組長	薦任	1	
	組員	委任	6	
督導員		薦任	6	
雇員			6	專任（炊事在內）
公役			16	
合計			員 60 役 16	

附註：總隊部得設總電台一座，另設分電台二座至四
　　　座，其員額編制另定之。

附表（二）

東北行轅政務委員會政治工作隊大隊部編制表

職別		階級	員額	備考
大隊長		薦任或簡任	1	以下人員均由隊員中調用
副大隊長		薦任	2	
秘書		薦任或委任	1	
總務組	組長	薦任或委任	1	
	組員	委任	1	
政治組	組長	薦任或委任	1	
	組員	委任	3	
經濟組	組長	薦任或委任	1	
	組員	委任	3	
文化組	組長	薦任或委任	1	
	組員	委任	2	
會計員		委任	1	
公役			5	專任(內火夫二名)
合計			25	（員廿名）（役五名）

附註：如需電台呈請總隊部調撥。

附表（三）

東北行轅政務委員會政治工作隊中隊編制表

職別	階級	員額	備考
中隊長	委任或薦任	1	以下人員均由隊員調用
區隊長	委任	3	
事務員	委任	2	
隊員		90	
公役		8	專用（火夫六名）
合計		104	（員九六名）（役　八名）

決議：通過。

七、兼主任委員交議「東北各省合作事業推進辦法草
　　案」及「東北各省縣市旗合作社聯合社籌備處組織
　　簡則草案」經經濟研究會審查竣事請再討論案。

查農田水利處所擬「東北各省合作事業推進辦法草
案」及「東北各省縣市旗合作社聯合社籌備處組織
簡則草案」均經依第三十四次常委會議決議交經濟
研究會審查竣事，據稱「所擬辦法均屬可行擬請提
會照案通過」等語，是否可行，敬請公決。

決議：照原案通過。

八、兼主任委員交議據主任委員辦公室簽請核定公教人
員實物配售對象案如何辦理請討論案。

據主任委員辦公室簽呈稱「二月份起公教人員實
物配售昨經召集各有關單位研討配售對象（附紀
錄），有左列數項須請示決定者：

（一）中長路局理事會及東北運輸總局請求將該會局
及所屬警察與鐵路員工列入配售範圍，當經商
討，該會局現無米貼之優越待遇，該會局本
身擬予照配，至所屬警察與鐵路員工為數甚
夥，物調局供應力量不敷，擬暫不配售。

（二）各鐵路局不予配售，各鐵路局黨部擬予同
樣辦理。

（三）安東係撤退省份，其員工准照縮編數額予以
照配，至該有高等法院及所屬地方法院撤瀋
人員甚多，如繼續配售，物調局負擔過重，
可否飭知該高法院儘量裁員減少配額，始能
續配。

（四）遼北、吉林等省既屬接收省份，其駐瀋辦事
處應由該省自行設法維持，擬不予配售。

（五）各接收省市原應自行籌辦實物配售，惟本
　　　會駐在地之遼寧省及瀋陽市均苦難以自
　　　給，除各該省市立中等以上學校仍擬繼續
　　　由物調局配售外，遼寧省府與瀋陽市府是
　　　否應予配售，敬祈核示。

（六）前項如奉准辦理，則原擬不予配售之省市參
　　　議會（第十次黨委會決定九項原則中二庚項）
　　　是否須遵行政院之指示（詳附件）併予配售。

（七）又警察食糧，兼主任委員曾頒手令應由各
　　　地方政府負責籌撥，而瀋陽市食糧收入
　　　有限，實無力供應，現已由市府呈請繼續
　　　配售前來，又大連市府尚留有警官二百餘
　　　人，亦以生活困難呈請配售，應否通權辦
　　　理以資維持。

（八）物調局原配及瀋陽縣府、縣黨部及其所屬
　　　機關與撤瀋縣市法院在配售辦法未能普遍
　　　實施前，縣級機關擬暫停供應。

　右各項謹簽祈鑒核分別示遵」等情，如何辦理，敬
請公決。

決議：第一、二、三、四、八各項照簽辦理，惟第三
　　　項遼蒙黨務特派員辦公處應由本會切實核查議
　　　減，第五項遼寧省府及瀋陽市府准照核定編制
　　　配售，第六項省市參議會准予配售，第七項警
　　　察食糧仍照前令辦理。

丙、散會

民國史料 57

內戰在東北：
熊式輝、陳誠與東北行轅
（四）

Civil War in Manchuria: Hsiung Shih-hui, Chen Cheng,
and the Northeast Field Headquarter
- Section IV

編　　者　民國歷史文化學社編輯部
總 編 輯　陳新林、呂芳上
執行編輯　林弘毅
封面設計　溫心忻
排　　版　溫心忻、施宜伶

出　　版　🛡 開源書局出版有限公司
　　　　　香港金鐘夏慤道 18 號海富中心
　　　　　1 座 26 樓 06 室
　　　　　TEL：+852-35860995

　　　　　🏵 民國歷史文化學社 有限公司
　　　　　10646 台北市大安區羅斯福路三段
　　　　　　　　37 號 7 樓之 1
　　　　　TEL：+886-2-2369-6912
　　　　　FAX：+886-2-2369-6990

http://www.rchcs.com.tw

初版一刷　2021 年 7 月 31 日
定　　價　新台幣 350 元
　　　　　港　幣　95 元
　　　　　美　元　13 元
ISBN　　978-986-5578-46-6
印　　刷　長達印刷有限公司
　　　　　台北市西園路二段 50 巷 4 弄 21 號
　　　　　TEL：+886-2-2304-0488

國家圖書館出版品預行編目 (CIP) 資料
內戰在東北：熊式輝、陳誠與東北行轅 = Civil
war in Manchuria：Hsiung Shih-hui,Chen
Cheng,and the Northeast Field Headquarter/
民國歷史文化學社編輯部編 . -- 初版 . -- 臺北市：
民國歷史文化學社有限公司 , 2021.07-
　　冊；　公分 . -- (民國史料 ; 54-58)
ISBN 978-986-5578-43-5 (第 1 冊：平裝). --
ISBN 978-986-5578-44-2 (第 2 冊：平裝). --
ISBN 978-986-5578-45-9 (第 3 冊：平裝). --
ISBN 978-986-5578-46-6 (第 4 冊：平裝). --
ISBN 978-986-5578-47-3 (第 5 冊：平裝)
1. 國共內戰　2. 民國史
628.62　　　　　　　　　　　　110010760